エコノミクス・ルール

憂鬱な科学の功罪

ダニ・ロドリック

柴山桂太・大川良文 訳

ECONOMICS RULES

Dani Rodrik

エコノミクス・ルール——憂鬱な科学の功罪

母、カルメラ・ロドリックと
父、ヴィタリ・ロドリックの思い出に。
二人は学ぶことの楽しさとそれを抱き続ける
可能性について私に教えてくれた。

エコノミクス・ルール＊目次

装幀＝小林剛　組版＝鈴木さゆみ

謝辞

この本は、ハーバード大学でロベルト・マンガベイラ・アンガーと共に数年間教えた政治経済学の授業をきっかけに生まれたものだ。ロベルトは、彼らしい独特なやり方で、私に経済学の強みと弱みについて真剣に考えさせ、経済学の手法で有益だとわかったものを明らかにするよう後押ししてくれた。ロベルトが言うには、経済学はアダム・スミスやカール・マルクスのような崇高な社会理論を構築することをあきらめてしまったために、無味乾燥でつまらない学問になってしまったというのだ。それに対し私は、経済学の強みは規模の小さな理論を立てるところにあると指摘した。物事の因果関係を明らかにし——たとえ部分的なものであったとしても——社会的現実を解明するための状況に応じた考え方のことだ。そして、資本主義システムがどのように機能しているのかや、世界中の富と繁栄を決定するものは何かといった普遍的理論に関する研究より、謙虚な姿勢で積み上げられた控えめな科学のほうが役に立つ傾向にあると私は論じた。彼を納得させることができたとは決して思わないが、彼との議論が私にある種の衝撃を与えたことをわかってもらえたらと思う。

このような考えを書籍として公表しようという考えは、私が二〇一三年夏に移り二年間の楽しい時間を過ごしたプリンストン高等研究所で、最終的に具体化された。私は研究者としての経歴の大半を多くの学問領域が関わる環境で過ごしており——それぞれに詳しくなっていないとしても——社会科学の中のいろいろな知的伝統に触れてきたと考えていた。しかし、この研究所では全く桁違いの緊張感のある経験をした。私の新しい所属先であるプリンストン高等研究所には、経済学の経験に基づく実証主義とは極めて対照的な人文学的ないし解釈的アプローチが息づいていた。研究所にやってきた多くの訪問者――経済学と並ぶ学問である人類学、社会学、歴史学、哲学や政治学の人々――と出会うと、経済学者に向けられた心の奥底から発する強い疑いの目に驚かされた。彼らにとって経済学者は分かり切ったことを言ったり、単純な枠組を複雑な社会現象に無理に当てはめて失敗を犯したりするような存在だった。周りにいた数少ない経済学者が、社会科学における知識豊富な馬鹿者として扱われていると思えたこともあった。つまり、数学や統計学には優れているが、それ以外のことでは役に立たないというのだ。

皮肉なことに、私はかつてこの種の態度を――反対側から――見たことがあった。たくさんの経済学者たちが集まる場をうろついて、彼らが社会学や人類学について何て言っているのかを見てくればいい！ 経済学者にとって、他の分野の社会科学者たちは、事実や数字よりも思想を扱っており、節操がなく、冗長で、実証的な裏付けに乏しい（あるいは）誤って実証分析の落とし穴にはまっている存在になっている。経済学者は、どのように考えれば結果を得ることができるのかを知っているが、他の学者たちは堂々巡りを繰り返すだけというのだ。この時に、私は反対側から向けられる疑いの目に対して備えておくべきだったのかもしれない。

研究所内の学問を巡る大混乱にはまり込んだことによって、驚くことに私は経済学者であることを心地よく感じるようになった。これまでの長い間、私は同僚の経済学者たちに、狭量だとか、モデルを文字通りにとらえすぎているとか、社会過程に十分注意を払っていないなどと口やかましく言ってきた。しかし、経済学の外部から繰り出されてきた批判の多くは的外れだと私は思った。経済学者が実際何を行っているのかについて、あまりにもたくさんの誤解があったのだ。そのため私は、経済学にとって必須の分析に関する議論や実証に目を向けることによって、他の社会科学の実践のあり方もある程度改善できるのではないかと思わずにはいられなくなった。

しかし、このような事態を招いた責任は他ならぬ経済学者自身にあることも明らかだった。経済学者がうぬぼれていることや、世界を考察する際に特定の理論に執着することが多いことだけが問題なのではない。経済学者は他人に自分たちの学問内容を説明するのが下手くそでもあるのだ。この本の大半は、世界がどのように動いているのかに対する様々な解釈や、公共政策が引き起こす様々な結果を示すたくさんの、そして今も増え続けている枠組を経済学が持っていると示すことに費やしている。しかし、非経済学者が経済学から決まって耳にするのは、市場、合理性、利己的行動に対するひたむきな賛歌のようなものだ。経済学者は、社会生活について条件付きの説明——市場（そして市場における政府の介入）がその背後にある固有の条件次第で、いかにして効率性、公平性そして経済成長に対して異なる結果を生み出すのかに対する明白な説明——を行うことを得意にしている。しかし、経済学者は状況に関係なくどこでも成立する普遍的な経済の法則について宣告しているように思われることが多い。

私は、このような分断を埋めるための本——それは経済学者と非経済学者の両方に向けたものだ——の必要性を感じた。経済学者に対する私のメッセージは、自らが実践する科学を説明する優れたストーリーが必要とされているということだ。私は、科学を実践する者たちが陥りがちな罠を明らかにするとともに、経済学の中で次々に生まれている役立つ業績を目立たせる新たなフレームを提示するつもりだ。非経済学者に対する私のメッセージは、この新しいフレームの下では経済学に対する一般的な批判の多くは無効になるということだ。経済学には批判すべき点がたくさんあるが、称賛すべき（そして見習うべき）点もたくさんある。

多くの点で、プリンストン高等研究所はこの本を書くのに完璧な環境だった。静寂な森、素晴らしい食事、そして驚くほどの素晴らしい支援を得ることができるプリンストン高等研究所は真の学者の天国だ。研究所の同僚である、ダニエル・アレン、ディディエ・ファサン、ジョーン・スコットやマイケル・ウォルツァーは、経済学に対する私の思考に刺激を与え、私が思いついたことについて、それと対照的だが同じくらい厳格な学術的モデルを与えてくれた。助手のナンシー・コッターマンは、業務上の素晴らしい支援に加えて、原稿に対して有益なフィードバックを返してくれた。研究所の指導者たち、とくに所長のロベルト・ダイクラーフには、このような際立った知的コミュニティへの参加を受け入れてくれて感謝している。

アンドリュー・ワイリーの指導や助言——すなわちW・W・ノートン&カンパニー——によって、この原稿は最終的に人々の手に渡るにふさわしいものへと仕上げられた。ノートンのブレンダン・カリーは素晴らしい編集者であり、ステファニー・ハイバートは原稿をきちんと印刷用に整理編集してくれた。彼らはともに数えきれないくらい多くの面でこの本を改善してくれた。私がこの本で論じる経済学者の長所の実例を体現している学者である、アビナッシュ・ディキシットには特に感謝したい。彼は詳細なコメントや提案をしてくれた。私の友人であり共著者でもあるシャラン・ムカンドとアルヴィンド・スブラマニアンは快く時間を割いて、プロジェクト全体を構想する際に知恵と力を貸してくれた。最後に大事なことを一つ言い忘れていた。私の最大の恩人である妻プナル・ドアンは終始私に愛情とサポートを与えてくれており、それに加えて経済学の概念に関する私の議論を明確化するのを手助けしてくれた。

はじめに　経済学の正しい使い方、間違った使い方

一九四四年七月、ニューハンプシャー州の保養地ブレトンウッズに四十四カ国の代表が、戦後の国際経済秩序を構築すべく集まった。三週間後に彼らが帰国の途につく頃には、その後三十年間以上続くことになるグローバルなシステムの骨子ができあがっていた。このシステムは、二人の経済学者の頭脳が生み出したものだった。一人は経済学界に並ぶ者なきイギリスの巨人、ジョン・メイナード・ケインズ。もう一人がアメリカ財務省の役人ハリー・デクスター・ホワイトであった。*ケインズとホワイトは多くの事案で対立した。特に国益が懸かった問題となるとそうだった。しかし彼らには、戦間期の経験が形作った共通の心理的枠組があった。目標は、金本位制の末期や大恐慌期に見られた激しい混乱を避けることにあった。彼らの合意は次のようなものであった。為替レートは固定とするが、状況に応じて調整できるものでなければならない。国際貿易は自由化するが、資本移動は自由化しない。各国が金融・財政政策を行う余地を拡大する。そして二つの国際機関、国際通貨基金（ＩＭＦ）と国際復興開発銀行（やがて世界銀行として知られるようになる）によって国際協力を促進する、というものだ。

＊ホワイトが本当にソ連のスパイだったのかどうかは、今も論争中である。ホワイトへの容疑は、Benn Steil, *The Battle of Bretton Woods: John Maynard Keynes, Harry Dexter White, and the Making of a ew World Order* (Princeton, NJ:

Princeton University Press, 2013）で重点的に論じられている。弁護側に立つ議論としては、James M. Boughton, “Dirtying White: Why Does Benn Steil’s History of Bretton Woods Distort the Ideas of Harry Dexter White?” *Nation*, June 24, 2013. を参照のこと。真実がどちらにあるにせよ、ＩＭＦと世界銀行が第二次大戦後の数十年にわたってアメリカ（と西側世界の）経済的利益に多大な貢献を行ったのは明らかである。

ケインズとホワイトが生み出した体制は、目立った成功を収めた。誰も予想していなかった経済成長をもたらし、発展した市場経済を安定させただけでなく、たくさんの国々を新たに独立へと導いた。このシステムは、ケインズが警告していたように、一九七〇年代になると投機的な資本移動の増大によって掘り崩されてしまった。しかし、ブレトンウッズはグローバルな制度設計にとっての基準であり続けている。世界経済は継続的に大混乱に見舞われているが、その度に「新たなブレトンウッズを！」という掛け声が改革者から上がっている。

一九五二年、コロンビア大学の経済学者ウィリアム・ヴィックレーは、ニューヨーク市の地下鉄に新料金システムを提案した。彼が推奨したのは、混雑時や交通量の多い路線で高くし、他の時間や交通量の少ない路線では低くするというものだった。この「混雑課金」システムは、経済学の需要と供給の原理を公共交通に適用したものである。料金に差を設けることで、時間に余裕のある利用者はピーク時の移動を避けるインセンティブが働く。混雑が分散すると、交通システムにかかる圧力が減るのみならず、全体の旅客量を増やすことにもつながる。後にヴィックレーは、道路や自動車交通にも同様のシステムを勧めた。しかし大勢の人々は、彼の考えをクレイジーでうまくいかないものと考えた。

シンガポールは混雑課金を試験的に導入した最初の国である。一九七五年の初頭、商業中心地区に進入する車両に通行料が課された。一九九八年には料金自動受収システムに変わったが、それにより、ネットワークの通行速度に応じて料金を改定できるようになった。すべての研究が、このシステムが渋滞を減らし、公共交通機関の利用率を高め、二酸化炭素の放出量を減らしたことを示している。シンガポール当局に少なからぬ収入をもたらしたというおまけまでついた。この成功で、ロンドンやミラノ、ストックホルムなど他の主要都市も、様々な変更を加えて真似するようになった。

一九九七年、ボストン大学の経済学の教授で母国メキシコの財務次官をしていたサンティアゴ・レヴィは、政府の貧困削減政策を徹底的に見直そうとしていた。既存のプログラムは貧困層に、主として食料品に対する一般補助金という形式で援助を与えるものだった。レヴィはこれらのプログラムが効果的でも効率的でもないと論じた。貧困層の厚生を引き上げたければ、特定の消費財に補助金を出すより、直接的な現金給付のほうが効果的だというのが、経済学の中心教義である。加えてレヴィは、現金給付が健康や教育を改善させる梃子としても用いることができると考えた。母親は現金をもらう代わりに、子供が学校にとどまり、健康診断が受けられるようにしなければならない。経済学の術語を用いれば、このプログラムは母親が子供に投資するインセンティブを与えたのだ。

プログレサ（後にオポルトゥニダデスへ、さらに後にはプロスペラに名称変更された）は、発展途上国で行われた最初の重要な条件付き現金給付（CCT）のプログラムである。プログラムの段階的な導入に加えて、レヴィはそれが機能しているかどうかを明確に評価する独創的な履行計画も作成した。これはすべて経済学の単純な原理に基づいたものだが、貧困削減プログラムについての政策担当者の考え方に革命をもたらした。成果が明らかになると、このプログラムを他の国も参照するようになった。ブラジルやチリを含む、ざっと一ダースを越えるラテンアメリカの国々が同様のプログラムを採用するようになった。CCTは、マイケル・ブルームバーグ市長の下でニューヨーク市でも試験的に導入された。

世界経済、都市交通、貧困対策と、三つの異なった問題について、経済学のアイデアがどのように活用されたのかを見てきた。どの事例でも、経済学者は公共問題に経済学のシンプルな枠組を適用して私たちの世界の一部を修正している。これらは、経済学の最も素晴らしい一面を示している。他にもたくさんある。ゲーム理論は通信業界で電波オークションの設計に用いられている。マーケット・デザインのモデルは、臨床研修医の病院配属を決めるのに役立っている。産業組織論のモデルは、競争政策や反独占政策の理論的基盤となっている。そして近年のマクロ経済理論の発展は、世界中の中央銀行にインフレターゲット政策の採用を促した。[1] 経済学者が経済学を正しく用いれば、世界はより良いものとなる。

しかし、これからたくさんの例を示すことになるが、経済学者はよく間違える。本書で私は、なぜ経済学は時には正しく理解され、時には間違って理解されるのかについて説明しようと思う。「モデル」――経済学者が世界を理解するために用いる抽象的な枠組であり、数学的手法を用いて作られるのが一般的である――が、この本の中核を占めるテーマとなる。モデルは経済学の強みでありアキレス腱でもある。モデルは経済学を科学の地位に押し上げた――量子力学や分子生物学のような科学ではないが、それでもやはり科学なのだ。

経済学のモデルは唯一無二ではない。多種多様なモデルがある。経済学という学問は、モデルの種類を増やしたり、現実世界にモデルを適用する方法を改善したりすることで進化している。経済学のモデルは、現実社会が変化していくのに合わせて多様にならざるをえない。異なる社会状況では、異なるモデルを使う必要がある。経済学者が普遍的で万能なモデルを発見するなど絶対にありえないことだ。

しかし、自然科学を模範としているところにも理由の一端があるのだろうが、経済学者はモデルを誤って用いる傾向がある。あるモデルを唯一のモデルとして、どんな状況にあっても関連づけたり適用したりする間違いを犯しやすいのだ。経済学者はこのような誘惑に打ち勝たなければならない。環境が変化し、一つの前提から別の前提に視点が移るのに合わせて、モデルを慎重に選び直さなければならない。異なるモデルを、もっと柔軟に使い分ける方法を学ばなければならないのだ。

本書は、経済学の称賛と批判の両方を行うものだ。この分野の核にある部分――知識を生み出す上で経済モデルが果たす役割――は擁護するが、経済学者による経済学的手法の扱い方や、モデルの（誤った）使い方については批判をする。本書での私の議論は、経済学者の「党派的な見方」とは無縁である。経済学者の多くは、この分野に対する私の見方、特に経済学がどのような意味で科学と言えるのかについての見方について、同意してくれないと思う。

他の社会科学を専攻する経済学以外の専門家と話していると、経済学が外部からどう見られているかが分かって困惑することがしばしばある。彼らの不満は、よく知られている。経済学は物事を単純化し過ぎていて視野も狭い。文化や歴史、背景や条件を無視して、自分たちが普遍的であるかのような主張をする。市場なるものが、本当に存在するかのように考えている。暗黙の価値判断を持ち込んでいる。そのくせ経済状況の変化について説明も予想もできない。これらの批判は大部分が、経済学とは何かを見誤っているところから来ている。実際の経済学には多様なモデルが存在しており、特定のイデオロギー的志向を持ったり、唯一の結論を導いたりするものではない。もちろん、経済学界でその多様性を反映させることができていないのだから、誤りは経済学者自身にあるとは言える。

別の説明からはじめよう。「経済学」という用語は、これまで二つの意味で用いられてきた。一つ目の定義は、研究対象に焦点を当てたものである。この解釈でいくと、経済学とは経済がどのように機能しているかを理解する社会科学の一分野である。二つ目の定義は、研究手法に焦点を当てたものだ。経済学は独自の分析道具を用いる社会科学の一手法である。この解釈に従うと、モデルを作って統計的に検証することのほうが重要で、経済に関する仮説や理論は二次的なものにとどまる。そのため経済学的手法は、経済にとどまらず他の多くの分野――家庭内の意思決定から政治制度に関する問題に至るまですべて――に適用可能だとなる。

私は「経済学」という用語を主に二つ目の意味で用いる。私がモデルの利点や誤用について述べることのすべては、同様の手法を用いる政治学や社会学、あるいは法学の研究についても当てはまる。これらの方法は社会問題の至る所で用いられる傾向にある。例えば『ヤバい経済学』だ。経済学者であるスティーヴン・レヴィットにより広められたこのアプローチは、相撲界の慣習から公立学校の教師の不正まで様々な社会現象に光を当てるために用いられ、綿密な実証分析と動機に基づいた理由づけによる説明がなされている。[2] この手の著作は、経済学を矮小化するものだという批判もある。経済学が本来取り組むべき大問題――どのような場合に市場が機能し機能しないのか、経済成長をもたらす要因は何なのか、どうすれば完全雇用と物価安定は両立することができるのかなど――を避けて、平凡な日常生活に関わる問題にばかり目を向けているというのだ。

本書で私は、これらの大きな問題に焦点を当てて、経済学がその答えを得るためにどう役立つのかを真面目に考えてみたい。あらゆる状況に当てはまる普遍的な説明や処方箋を経済学に期待すべきではない。社会生活の可能性は、単一の枠組に押し込めるにはあまりにも多様である。ただし、一つひとつの経済モデルは地形の断片を示す部分図のようなものである。それらを合わせることで、経済学者の用いるモデルは、起伏に富んだ社会の経験を理解する優れた案内役となる。

第一章　モデルは何をするのか

スウェーデン生まれの経済学者アクセル・レイヨンフーヴットが一九七三年に書いた論文は、「エコン族の生態」と題されている。この愉快なまがい物のエスノグラフィーは、経済学者に広く行き渡った慣行、身分関係、タブーをとても細かく描いている。レイヨンフーヴッドの説明によると、「エコン族」は、彼が「モドルス」と呼ぶものに取り憑かれている——経済学者が商売道具とする定型化された数理モデルだ。実用性がなさそうに見えるのだが、派手で儀礼的なモドルほど、その人の地位を高める。エコン族がモドルスに重きを置くのは、「ソシオゴス」や「ポルスシス」のような他の部族と差別化するためであるとレイヨンフーヴッドは書いている。彼らはモドルスを作らないからだ。*

* Axel Leijonhufvud, "Life among the Econ," *Western Economic Journal* 11, no. 3 (September 1973) : 327. この論文が出版されて以後、モデルの使用は他の社会科学、とくに政治学でも普通に見られるようになった。

レイヨンフーヴッドの言葉は、四十年以上が経った現在でも正しいように思える。経済学を学ぶとは、一群のモデルを学ぶことである。大学で仕事を得る上で、おそらく最も重要な決定要因となるのは、新しいモデルを開発する能力や、既存のモデルを新しい証拠と結びつけて、社会的現実のある面に光を当てる能力である。最も白熱する知的討論は、あれやこれやのモデルの妥当性や適応可能性を巡って巻き起こる。経済学者をひどく傷つけたければ、こう言えばいい。「君の話にはモデルがないね。」

モデルは威信の源泉だ。経済学者と一緒にいると、おなじみの言葉が書かれたマグカップやTシャツに出くわすことになる。「経済学者はモデルで説明する（Economists do it with models.）。」この言葉が意味するのは、経済学者の多くが、現実世界に関心を向けるよりも、数学の道具をいじくり回すほうに喜びを感じるということだ（ここにはいかなる女性蔑視もない。私の妻も経済学者だが、学期末に学生からこの種のマグカップをプレゼントされたことがある。）

批判者からすると、経済学者がモデルにのめり込むのは、この職業につきものの間違いのほとんどすべてである。経済学者は、社会生活の複雑性をごく単純な関係に還元してしまう。明らかに現実に反する仮定を置こうとするし、現実より数学的な厳密さを優先しようとする強迫観念に取り憑かれており、高度の抽象化から政策的帰結をすぐに引き出そうとする。ある評論家は、紙の上に書かれた方程式から、自由貿易やあれやこれやの租税政策の弁護をすぐに導こうとするのは信じられないと言う。別の批判者は、経済学者が現実を複雑にし過ぎている、と言い張る。経済学のモデルは、常識に過ぎないものを数学的な形式主義で粉飾している、というわけだ。そして最も手厳しい批判者は、正統派とは異なる道を選択した経済学者でもある。異端の経済学者ケネス・ボールディングは、次のように言ったとされる。「数学は経済学を厳密にする。残念ながら死後硬直も起こすのだが。」ケンブリッジ大学の経済学者ハジュン・チャンは次のように述べている。「経済学の九十五％は常識に過ぎない。専門用語や数学を使っているからそう見えないだけだ。[1]」

実際には、経済学者が構築する単純なモデルは、社会の働きを理解する上で非常に重要だ。単純さと形式主義、現実世界の多くの側面を無視することで、モデルは価値あるものになる。これは仕様であって瑕疵ではない。あるモデルが役立つのは、現実のある側面を捉えた時である。正しく用いられれば、モデルは必要不可欠なものになる。与えられた状況から、現実の問題に最も直結した側面を摑まえることができるからだ。異なった状況——異なる市場、社会環境、国、時期など——には、異なったモデルが必要になる。ところが、この点で経済学者はよく面倒を起こす。自分たちの職業の最も価値ある貢献——状況の多様性に応じたモデルの多様性——を投げ捨てて、唯一無二の普遍的なモデルを求めようとしてしまうからだ。思慮深くモデルが選ばれるなら、モデルはわれわれを導く光となる。独断的に使えば、政策は傲慢で間違ったものになる。

モデルの多様性

経済学者は、社会的相互作用の目立った側面を摑まえたモデルを構築する。こうした相互作用は、財やサービスの市場で起きている。市場とは何かについて、経済学者は幅広い合意を持っている。個人、企業、あるいは他の集合体が買い手と売り手になる。対象となる財・サービスには、ほとんどのものが含まれる。官職や地位など、市場価格が存在しないものもだ。市場は局所的、地域的、国家的、あるいは国際的でありうる。バザールのように物理的に構成されている場合もあるし、長距離交易のようにバーチャルな場合もある。伝統的に経済学者は、市場がいかに機能するかという問題に夢中になっている。市場は資源を効率よく使っているか？　改善の余地はあるか、改善できるならどうやって？　交換から得られた利益はどう分配されるのか？　市場以外の制度の機能に光を当てるためにモデルを使うこともある——学校、労働組合、政府などだ。

では、経済学のモデルとは何なのだろう？　要素間の特殊な関係の働きを、交絡要因を隔離して、単純に示したものと理解するのが最も簡単だ。モデルは原因に焦点を当てて、それがシステムを通していかなる結果をもたらすのかを示そうとする。モデルを作るとは、全体の中のある部分と別の部分のつながりがどのようなものであるかを明らかにする、人工的な世界を作ることである――要素が複雑に絡み合った現実世界を、漠然と見ているだけでは識別できないつながりだ。経済学のモデルは、医者や建築家が用いる物理モデルと大差ない。病院で見かけるプラスチック製の肺のモデルは、人体の他の部分から切り離された呼吸システムに焦点を当てている。建築家が作るモデルは、家の周辺の風景を示すものもあるし、内部のレイアウトを示すものもある。経済学者のモデルも同じだが、物理的な構築物ではなく、言葉と数式を用いる点で異なっている。

よくあるモデルは、経済学の入門科目を取った人にはおなじみの供給―需要モデルだ。右下がりの需要曲線と、右上がりの供給曲線で構成され、交点で価格と数量が決まる。* この人工世界は、経済学者が「完全競争市場」と呼ぶもので、消費者と生産者が無数にいる。全員が経済的利益を追求しており、誰も市場価格に影響を与えることができない。このモデルはたくさんのことを捨象している。人は物質的な動機の他にも、違う動機を持っている。合理性は感情によって曇らされたり、認知的短絡を起こしたりする。生産者は独占的に行動することもある、などだ。しかし、このモデルは現実の市場経済の単純な働きを解明してくれる。

＊供給曲線と需要曲線が交錯する図が最初に登場するのは、フランスの経済学者アントワーヌ＝オーギュスタン・クールノーが書いた一八三八年の本である。クールノーは複占の研究で今日よく知られている。この需給曲線が人口に膾炙したのは、アルフレッド・マーシャルが一八九〇年に書いた教科書によってだ。以下の論文を見よ。Thomas M. Humphrey, "Marshallian Cross Diagrams and Their Uses before Alfred Marshall: The Origins of Supply and Demand Geometry," *Economic Review*（Federal Reserve Bank of Richmond）, March/April 1992, 3–23.

いくつかのことは、疑いようがない。例えば、生産費が上がると市場価格も上がり、供給量や需要量は下がる。あるいは、エネルギーの費用が上がると光熱費が増えるので、家計は暖房代や電気代を節約する方法を探そうとする。しかし別の点では違う。例えば、ある商品——例えば原油——の生産者と消費者のどちらに税がかかるかは、誰が最終的にそれを負担するかとは関係がない。税が石油会社にかかったとしても、価格上昇分を支払うことでその分を消費者が負担する。消費税という形で消費者に追加費用がかかっても、石油会社は価格を下げてその分を吸収しようとするだろう。すべては需要と供給の「価格弾力性」にかかっている。追加的な仮定のやや長いリストを加えると——この点については、後に詳しく見る——このモデルは、市場がいかにうまく機能するかについて強い含意を生み出す。ある人の幸福が、別の人の幸福を減らすことなしに改善できない状態にあるとき、競争的市場経済は効率的である（これは経済学者が「パレート効率」と呼ぶものだ。）

全く違ったモデルも考えてみよう。「囚人のジレンマ」と呼ばれるモデルだ。最初は数学者の研究から生まれたものだが、今では現代経済学の大半の研究で不可欠なものである。二人の人物がいて、どちらかが白状しないと罰を受けるというのが典型的な例だ。ここでは経済学の問題として考えてみよう。コンピューター会社二社が、かなり予算がかかる広告を出すかどうかを決めなければならないとする。広告を出せば、もう一方の会社から顧客を奪うことができる。しかし二社とも広告を出すと、顧客間で効果が相殺されてしまう。そうなると、両社は必要のないお金を使うことになる。

どちらの会社も広告を出さなければいいと思うかもしれない。しかし、モデルはその論理が成り立たないと示してくれる。両社が互いに独立した選択を行い、自社の利益のみを気にかけているなら、相手が何をするかに関係なく、お互いが広告を出すインセンティブを持つ。*相手が広告を出さなければ顧客を奪える。相手が広告を出す場合でも、自社も出しておけば顧客の減少は防げる。そのため両社は、どちらも資源を浪費する悪い均衡に行き着くことになる。この市場は、前の段落で描いたものと違って、少しも効率的ではない。

*厳密に言うと、もう一つの仮定が必要である。両社はお互いに信頼できる約束――つまり、後に廃棄するインセンティブを持たない約束――を結ぶ方法がないという仮定だ。例えば、お互いが広告を出さないという約束である。しかしこの約束は信頼できない。なぜなら他社が広告を出そうと出すまいと、自社は広告を出そうとするからだ。

二つのモデルには明らかな違いがある。最初のものは無数の市場参加者（例えば、みかん市場）がいるが、もう一つのものは二つの大企業の競争（例えば、航空機を作るボーイング社とエアバス社の関係）を描いている。この違いを、一方の市場が効率的で他方がそうでない唯一の理由と考えてはならない。モデルにはそれぞれ、別の仮定が組み込まれている。仮定を入れ替えると、時にはっきりと、異なった種類の結果が生み出される。

市場参加者の数が明らかではなく、非常に違った種類の結果が出る第三のモデルを考えてみよう。これを協調モデルと呼んでおきたい。一つの会社（複数の会社でもいい、数は重要ではないから）が造船に投資するかどうか決めようとしている。十分に大きな船を作れれば、この冒険は収益を生むとわかっている。原材料は低廉な鉄で、すぐ近くで作られる必要がある。会社の決定は、突き詰めるとこうなる。製鉄会社が近くにあれば、船の建造に投資する。そうでなければ投資しない。さて、その地域にいて、鉄の生産に投資するか決めかねている投資家を考えてみよう。造船所が、唯一の潜在的な鉄の消費者だと仮定する。製鉄業社は、造船会社が鉄を買ってくれればお金を稼げるが、そうでなければお金を儲けることができない。

　ここには二つの結果がありうる――経済学者が「複数均衡」と呼ぶものだ。「良い」結果は、投資が二つとも行われ、造船業者と製鉄業者の双方が最終的に利益と幸福を得るというものだ。均衡は達成される。「悪い」結果の場合は、どちらの投資もなされない。この二番目の結果も均衡である。投資をしないという一方の決定は、他方の決定を補強するからである。造船業者が投資しなければ、製鉄業者は投資しない。そして鉄がなければ船は作れない。この結果は、潜在的な市場参加者の数とはほとんど関係がない。そのかわり、次の三つの点に決定的に依拠している。⑴規模の経済性（収益の上がる操業は、大規模であることを要求する）、⑵鉄工場と造船所は互いを必要としている、⑶他の市場や投入方法（例えば外国貿易を通じた供給）が存在しない。

　三つのモデルは、市場がいかに機能するか（しないか）についての、三つの異なった見方である。どれが正しいとか、間違っているということはない。それぞれが、現実世界の経済で作用する（であろう）重要なメカニズムを取り上げている。すでにわれわれは、「正しい」モデルの選び方について考え始めている。つまり、完全に状況に合ったモデルが重要ということだ。経済学者はよく、型にはまった市場原理主義者だと非難される。あらゆる問題への答えは、市場を自由にせよ、というわけである。おそらく、経済学者の多くがこの体質を持っている。しかし、経済学の教えがそうではないのは確かだ。たいていの質問に対する経済学者の正しい答えは、状況次第、というものだ。異なったモデルは、それぞれが等しく尊敬に値するし、異なった答えを用意している。

　モデルは、結果がそれぞれ違ったものになると警告する以上のことをする。モデルは、出てくる結果が何に依拠しているかを正確に教えてくれるがゆえに有用なのだ。いくつかの重要な例を考えてみよう。最低賃金は雇用を減らすのか、それとも増やすのか？　答えは、雇い主が競争的に行動するかどうか（つまり、彼らがその地域の賃金に影響を与えられるかどうか）に依存する。[2] 新興市場経済への資本流入は、経済成長を押し上げるのか押し下げるのか？　その国の成長が投資財の不足によって制約されているのか、それとも高い税率などで、収益率が悪いことに制約されているのかによって答えは変わってくる。[3] 政府の財政支出を減らすと経済活動は収縮するのか刺激されるのか？　答えは信用の状態や、金融政策や、通貨体制によって変わる。[4]

それぞれの問いへの回答は、現実世界の状況のどの特徴を重視するかで変わってくる。モデルはその特徴に注目し、それらが結果にどう影響するかを見せてくれる。それぞれの事例には、慣例的な回答を生み出す標準モデルが存在する。最低賃金は雇用を減らし、資本移動は成長を増やし、財政の切り詰めは経済活動を妨げる、というものだ。しかし、これらの結論は重要な仮定（critical assumption）——先に見た現実世界の特徴——が現実に接近する程度に応じてのみ、真実である。もしそうでなければ、異なる仮定に基づくモデルを用いる必要がある。

重要な仮定については、後ほど具体的な経済モデルの例を挙げて説明する。その前に、モデルとは何か、モデルは何をするものなのかについて、二つの見方を紹介しておきたい。

寓話としてのモデル

経済モデルを、寓話のようなものだと考えることもできる。名前のない、どこにでもある場所（ある村、森）に住む二、三人の登場人物が出てくる小話で、彼らの振る舞いや相互の交流から、ある種の教訓となる結末が導かれる。登場人物は人間の時もあるし、擬人化された動物や無生物の場合もある。寓話はシンプルだ。少ない言葉で語られ、登場人物は貪欲や嫉妬のような型どおりの動機で動く。寓話はリアルである必要はないし、登場人物の人生を精密に描く必要もない。物語の筋を明確にするためにリアリズムを犠牲にし、不明瞭さを少なくする。重要なのは、寓話には誰にでも分かる道徳が含まれているということだ。正直が一番だ、最後に笑う者こそ勝者だ、同病相憐れむ、水に落ちた犬を叩くな、などである。

経済学のモデルも似ている。シンプルで抽象的な環境を前提にしている。仮定の多くが現実的である必要はない。本物の人間や企業が住んでいるように見えても、登場人物は高度に定型化された振舞いをする。生き物でないもの（「ランダムショック」「外生的パラメータ」「自然」）もしばしば登場し、行動に影響を与える。明確な原因・結果や条件式が、物語の筋となる。そして誰もが分かる道徳——経済学者が政策的含意と呼ぶもの——がある。自由市場は効率的だ、戦略的な場面で機会主義的に行動すると全員の厚生が悪化する、インセンティブは重要だ、などである。

寓話は短く、要点は明瞭だ。メッセージに誤解の余地はない。ウサギとカメの物語は、着実に、ゆっくり歩んでいくことの重要性を訴えている。物語の核になる部分を取り出せば、他の多様な環境にも応用できる。経済モデルを寓話と一緒にすると、「科学的」な地位が損なわれると思われるかもしれない。しかし、両者の主張は、全く同じように作用する。競争的な供給—需要の枠組を学んだ学生は、市場の力に敬意を持ち続ける。囚人のジレンマを乗り越えようとするなら、協調の問題を考えないわけにはいかない。モデルの科学的な細部を忘れてしまった時でも、世界を理解し解釈するテンプレートは残るのだ。

この類比は、経済学者の職業的専門性を軽視するものではない。経済学者は、論文に書いた抽象モデルが、寓話と本質的に変わらないと認識し始めている。優れた経済理論家のアリエル・ルービンシュタインは次のように述べている。「「モデル」という言葉は「寓話」や「おとぎ話」より科学的に聞こえるかもしれない［が］、私には大きな違いがあるとは思えない。[5]」哲学者のアレン・ギバードと経済学者のハル・ヴァリアンの言葉では、「［経済学の］モデルはいつもある物語を語っている。[6]」同様に、科学哲学者のナンシー・カートライトは「寓話」という用語を、経済学や物理学のモデルに対して使っているが、経済学のモデルのほうがより比喩的だと考えている。[7] 道徳が明快に語られる寓話と違い、経済学のモデルから政策的含意を引き出すにはいっそうの注意と解釈が必要になる、とカートライトは言う。この複雑性は、モデルが一つの文脈的真実のみを取り上げ、あくまで特殊な条件に基づく結論を導いているという事実から来ている。

多少の違いはあるが、寓話との類比は有益だ。寓話は数え切れないほどあり、それぞれの寓話が、環境の異なった条件の下で行動する指針を与えている。また、寓話が導く道徳は、しばしば矛盾しあっている。ある寓話は信頼や協力の美徳を称賛しているが、別の寓話は自分をもっと信じるよう促している。あるものは事前の準備を称え、別のものは過剰に準備し過ぎると危ないと警告している。手持ちのお金を使って人生を楽しめというものもあれば、雨の日に備えて貯金すべきだというものもある。友達は持ったほうがいいが、友達が多すぎるのは良くない。それぞれの寓話が、一つの限られた視点から道徳を語っている。ただし全体を合わせると、疑いと不確実性が助長されるのだ。

そのため特定の状況に合う寓話を選ぶには、判断力が必要とされる。経済学のモデルを用いる時にも、同じような洞察力が必要になる。異なったモデルが異なった結論を出すという点は先に見た。自己利益に基づいた行動が双方にとって効率的（完全競争モデル）か、浪費的（囚人のジレンマモデル）かは、背後にある条件をどう見積もるかで変わってくる。寓話と同じように、競合する利用可能なモデルを選択する上で、優れた判断力は不可欠である。幸い、証拠の検証が、モデル選びに有益な導きを与えてくれる。その過程は、科学より技芸と言うべきである（第三章を参照）。

実験としてのモデル

モデルを寓話になぞらえるのがお気に召さなければ、研究室の実験になぞらえてもいい。これは、驚くような類比かもしれない。寓話がモデルを単純なおとぎ話にしてしまうとすれば、研究室の実験との比較は、モデルに過剰な科学的装いを与える危険があるからだ。事実、多くの文化圏で、研究室の実験は科学的尊敬の最高峰に位置している。白衣に身を包んだ科学者が行う実験は、世界がどのように動いているのか、ある特殊な仮説が本当に正しいのかをめぐる「真実」に到達するための手段である。経済学のモデルが、それに近づくことなどできるのだろうか？

研究室の実験が本当にそうなのか、考えてみよう。実験室は、人工的な環境を作為的に設定したものだ。実験の対象となる物質は、現実世界の環境から隔絶される。研究者は、仮説上の因果関係のみに光を当て、他の潜在的に重要な影響要因を排除できるよう実験をデザインする。例えば、純粋に重力の影響を見たい場合、研究者は真空で実験を行う。フィンランドの哲学者ウスカリ・マキが説明しているように、経済学のモデルを構築する場合も、絶縁（insulation）、隔離（isolation）、識別（identification）の同じ方法が用いられる。主な違いは、研究室の実験が、因果関係を観察するのに必要な隔離を物理的環境の操作によって行うのに対して、モデルの場合は因果関係の前提を操作する点にある。[*] モデルは心理的環境を構築して、仮説の検証を行うのだ。

＊Uskali Mäki, "Models Are Experiments, Experiments Are Models," *Journal of Economic Methodology* 12, no. 2 (2005) : 303–15. 経済学のモデルで結果を隔絶することは、見かけほど簡単ではないことに注意せよ。われわれは常

に、他の背景条件についての仮定を作る必要がある。その理由としてナンシー・カートライトは、結果はいつも多くの原因が結合されたものであるため、われわれは決して、真の原因と結果を取り出すことはできないと論じている。以下を参照せよ。Cartwright, *Hunting Causes and Using Them: Approaches in Philosophy and Economics* (Cambridge: Cambridge University Press, 2007). これは一般的には真実だが、複数のモデルを持つことの意義は、背景となる条件を選択的に変えることで、結果への変化を確認できる点にある。ある背景条件を変えるだけで、大きな違いが出てくる場合がある。他の条件を変えても、違いは小さいかもしれない。この章で後ほど取り上げる、仮定の現実性についての議論も参照せよ。

次のような反論があるかもしれない。研究室実験は、環境は人工的かもしれないが、作用はまだ現実の世界で起きている。少なくとも一つの条件下で、何が起きるかは分かる。反対に、経済モデルは心の中でしか展開されない完全な人工的構築物だ。もっと大きな違いもある。実験の結果は、現実の世界に適用する前に何度も外挿（extrapolation）を要求される。実験室で起きたことが、実験室の外で起きるとは限らないからだ。例えば、薬の効果は、実験室の設定――「実験的制御」――で考えられたもの以外の現実世界の条件と混じり合うと、得られないかもしれない。

　これは科学哲学者の言う、内的妥当性と外的妥当性の区別である。ある特殊な設定下で原因と結果が首尾良く追跡できた、よくデザインされた実験は高度の「内的妥当性」を持つ。しかし「外的妥当性」は、実験が行われた文脈を越えて、その結論が他の設定下でも導かれるかどうかに依存する。

　いわゆるフィールド実験〔野外実験〕は、研究室ではなく現実世界の条件下で行われるものだが、同じ課題に直面している。こうした実験は、最近の経済学においても非常に人気があり、時にモデルを必要としない知識が得られると考えられることもある。世界がいかに働いているのかについての洞察を、仮定群と仮説的因果関係を持ち込まなくても得られる、というわけだ。しかし、これは全く正しくない。一つの例を与えてみよう。コロンビアで、私立学校のバウチャーを無差別に配布したところ、教育効果が大きく改善した。だからと言って、同じプログラムがアメリカや南アフリカなどでも同じ結果をもたらすという保証はない。最終的な結果は、国によって違う多くの要素に依存する。所得水準、親の選好、私立と公立の質的差、教師や学校運営者を駆り立てるインセンティブ――それらの要素すべて、他の多くの潜在的に重要な事柄が結果に関係してくる。[8]「あそこで効いた」ということから「ここでも効く」という結論を導くには、多くの追加的なステップが必要である。[9]

研究室（あるいは野外）のリアルな実験と、われわれが「モデル」と呼ぶ思考実験の間にある隔たりは、一般に考えられているより小さい。どちらも、その結果を必要な時と場所に適用する前に慎重な吟味（extrapolation）を必要とする。適切な吟味を順番に行うには、優れた判断力と他の情報源からの証拠、構造的推論の組み合わせが必要である。実験の価値は、その実験が行われた文脈の外側にある世界について、何を教えてくれるかで決まる。そのためには同一性を識別し、異なった設定でも並行関係を見出す能力が必要となる。

リアルな実験と同様、モデルの価値は特殊な因果関係を取り出し、識別する能力に宿る。現実世界の因果関係は、その作用を曖昧にする他の因果関係と並行して現れるので、科学的説明を試みるすべての人にとって複雑である。経済学のモデルは、この点で優位性があると言えるかもしれない。偶有性――特殊な前提条件への依存――がモデルには組み込まれているからだ。第三章で見るように、確実性が欠如していることで、われわれは複数の競合モデルから現実をよりよく記述することができるのだ。

非現実的な仮定

消費者は超合理的だ。利己的で、少ない消費より多くの消費を選好し、ほとんど無限に近い長期の時間軸を持っている。経済学のモデルは、多くの非現実的な仮定の寄せ集めだ。確かに、現実の一つまたはそれ以上の側面を捉えたモデルはたくさんある。しかし多層的な仮定を持ったモデルでさえ、まだどこかに非現実的な仮定が絡みついている。単純化と抽象化によって、多くの要素が事実に反したままで残るのは避けられず、その意味でモデルは現実から乖離する。リアリズムの欠如について、どう考えるのが一番いいのだろう。

二十世紀の最も偉大な経済学者の一人、ミルトン・フリードマンが一九五三年に与えた回答は、多くの専門家に深い影響を与えることになった。[10] フリードマンは、非現実的な仮定は理論化に不可欠であるという議論を先に進めようとした。もっと単純に、仮定を現実的にするのは意味がないと言ったのだ。重要なのは、理論が正しい予測を導くかどうかである。予測が正しければ、理論に入り込んだ仮定が実生活に似たものである必要はない。以上は、もっと洗練された議論の大まかな要約であるが、たいていの読者がフリードマンのエッセイから受け取る要点を伝えている。この議論は、経済学者を苦しみから解放した。現実の経験と全く一致しない仮定に基づくどんな種類のモデルも、許されるようになったからである。

しかしながら、仮定の現実性に全く意味がないというのは真実ではあり得ない。スタンフォード大学の経済学者ポール・プフレイデラーが説明するように、われわれはいつも、モデルが有用なものと扱われる以前に「リアリズムのフィルター」を重要な仮定に適用しなければならない[11]（ここで「重要な」

という用語が再び出てきた。あとで短くこの問題に立ち返る。）その理由は、モデルの予見が成功するかを決して確信できないからだ。予測は、いつも未来に影響を与える、とグルーチョ・マルクスなら言っただろう。われわれは、事実の背後にあるリアリティを説明する、ほとんど無限とも言える数のモデルをでっち上げる。しかし大半のモデルは助けにならない。条件が変化すると、未来に対する正しい予測も失敗に終わるからだ。

ある地域で起きる交通事故について、過去五年分のデータを持っているとしよう。私は平日の終わり、午後五時から七時までの時間に事故が起こりやすいことに気づいた。最も合理的な説明は、この時間は人々が道路に出ていて、仕事場から家路を急ぐ車が多いというものだ。しかし、ある研究者が別の仮説にたどり着いたとしよう。ジョンのせいだ、と彼は言う。ジョンが見えない脳波を発しているので、運転手全員が変な影響を受ける。以前、ジョンが仕事場から道路に出た時、彼の脳波で交通が混乱してたくさんの事故が引き起こされた。これは馬鹿げた理論かもしれないが、平日の終わりに交通事故率が上昇する「説明」にはなっている。

われわれは、二番目のモデルが有用ではないと知っている。ジョンが予定を変えるか引退すれば、このモデルの予測は無意味になる。ジョンが道路に立たなくなっても、事故の数は減ることはないだろう。この説明が失敗なのは、その重要な仮定――ジョンが放射する交通を混乱させる脳波――が間違いだからだ。モデルが現実の説明に有用であるためには、その重要な仮定が十分に現実的である必要がある。[12]

重要な仮定とは正確には何であろうか？　より現実的な方向での変更が加えられると、モデルの結論にかなりの違いが生まれる時、その仮定は重要と言える。すべてとは言わないまでも、多くの仮定はこの意味で重要ではない。完全競争市場モデルを考えてみよう。利益〔動機〕への疑念は、モデルの細部にさしたる影響を与えない。方法論についてのエッセイで、ミルトン・フリードマンはたばこ税について論じている。彼は次のように書いている。税率引き上げは、たばこの小売価格の引き上げにつながると安心して予測できる。企業の数が多いか少ないか、タバコの銘柄選択に代替可能性があるかどうかは関係がない。同様に、完全合理性の仮定をゆるめても、この結果に大きな違いが生じることはない。企業が細かい計算をしなかったとしても、彼らは支払うべき税金が増えるだろうと理性的に確信できる。これらの特殊な仮定は、問題の性質やモデルの有用性という観点から見ると重要ではない——税がタバコの小売価格にどう影響するのかを考える上で、その種のリアリズムの欠如は大した重要性を持たないのだ。

違う問題についても考えてみよう。たばこ産業で価格統制が行われた場合、どんな結果になるか。一般に、たばこ産業の競争の程度は、消費者が別の銘柄で代替しようとする程度に部分的に依存する。完全な競争市場モデルでは、価格統制は企業の供給量を減らすよう作用する。価格が低下するにつれて企業の収益が減るので、販売を減らすことで対応しようとするからだ。しかし、市場が一つの企業で独占されたモデルでは、価格の穏当な上限設定（ただし、設定される価格は、規制のない市場価格からそれほど大きく下回らない）は企業の産出を増やしてしまう。このメカニズムを知るためには、シンプルな代数幾何学が少々必要になる。直観的には、独占企業は販売を制限し、値段をつり上げることで利益を増やそうとする。価格統制は、独占企業から価格支配力を奪うものだが、生産量を引き下げるインセンティブを鈍らせる。独占企業は販売を増やすことで対応するのだ。* たくさんのタバコを販売することが、ここでは利益を増やす唯一の手段となる。

＊これは、（穏当な）最低賃金が設定されると雇用が増えるのと同じ論理である。

市場競争の程度に関する仮定は、価格統制の効果を予測する上で重要である。この特殊な仮定の現実性は重要だ。きわめて重要だと言っていい。モデルの適用可能性は、重要な仮定がどれくらい現実世界と近似しているかにかかっている。そして仮定の重要性は、そのモデルが用いられる対象に半ば依存する。この本の後半で、モデル選択を詳しく説明する際に、この論点に立ち返ることになるだろう。

ジョンの脳波論のように重要な仮定が明らかに事実に反する時、モデルの有効性を疑問視するのは完全に正しく、必要でさえある。この例では、モデルは単純化され過ぎるあまり、われわれを惑わせていると言うことができる。この場合の適切な反応は、もっと適合的な仮定を持った別のモデルを作ることであり、モデルを諦めることではない。悪いモデルへの解毒剤は、良いモデルを作ることなのだ。

究極的には、仮定の非現実性を避けることはできない。カートライトが言うように、「非現実的な仮定を用いているからという理由で経済モデルを批判するのは、ガリレオの斜面落下運動の実験が、完全に摩擦のない球体を用いたと言って批判するようなものだ。[13]」しかし、われわれが蜂蜜の壺に落ちた大理石にガリレオの加速度の法則を適用しようとしないように、このことが重要な仮定が総じて現実とかけ離れたモデルを用いる言い訳にはならない。

数学とモデル

経済学のモデルは、明確に定められた仮定と行動のメカニズムで構成されている。それ自体としては、モデルは数学の言語に適している。どの学術雑誌のページをめくっても、ギリシャ文字で書かれた方程式のほとんど終わりなき流れと出会うだろう。物理科学の標準からすると、経済学者の用いる数学はそれほど先進的ではない。多変数微分積分と最適化問題の基礎があれば、たいていの経済学理論にとっては十分である。それでも、数学的形式主義は読者にある種の投資を要求する。経済学と他の社会科学の間にわかりにくさの壁を作るのだ。これが、経済学者でない人がこの職業に抱く疑念を高める原因にもなっている。数学のせいで、経済学者は現実世界から引きこもり、抽象の構築物の中で暮らしているように見えてしまう。

まだ若い学生だった頃、私は博士号（PhD）を取ろうと考えていた。書くことや研究が好きだったからだ。ただ、私の興味は幅広い社会現象に拡がっていて、政治学と経済学のどちらを選ぶべきか決めかねていた。二種類の博士課程に申し込んだが、学際的な修士課程に籍を置いたまま、最終決定を延期していた。最後に迷いを断ち切った時のことをよく覚えている。プリンストン大学のウッドロウ・ウィルソン・スクールの図書館で、アメリカン・エコノミック・レビュー（AER）とアメリカン・ポリティカル・サイエンス・レビュー（APSR）の最新号を手に取った時のことだ。どちらも、両分野の最高峰に位置する雑誌である。並べて見ると、APSRは経済学の博士号があれば読めそうだったが、AERの大半の論文は政治学の博士号を持っていても近寄りがたそうに思えた。後知恵で言うと、この結論はおそらく正しいものではなかった。APSRの政治哲学の論文には、数学こそ使っていないものの、AERの論文と同じくらい抽象的なものがある。そして政治学が、数学的形式化を受容する経済学のやり方を取り入れるようになって久しい。それでも、私の観察には真実のかけらが含まれていた。今日に至るまで経済学は、大学院で必須の修行期間を経ていない人にとって不可解なままの、ほぼ唯一の社会科学分野となっている。

経済学者が数学を用いる理由は誤解されている。洗練とか、複雑さとか、高度な真理への要求とはあまり関係ない。経済学で数学は主に明晰さと一貫性の二つの役割を果たすが、どちらもその栄光を求めてのことではない。第一に、数学はモデルの要素——仮定、行動メカニズム、そして主たる結果——を確実で透明なものにする。ひとたび数学の形式で記述されると、モデルが言ったり行ったりすることは、読むことのできる人には理解しやすいものになる。この明快さは偉大な美徳に属するが、十分に高く評価されていない。われわれは今もなお、カール・マルクスやジョン・メイナード・ケインズやヨーゼフ・シュンペーターが本当は何を言おうとしていたのか、議論を戦わせている。三人は経済学分野の巨人だが、自分たちのモデルをほとんど（すべてというわけではないが）言葉で説明した。反対に、ポール・サミュエルソン、ジョセフ・スティグリッツ、ケネス・アローが、ノーベル賞をもらった理論を開発していた時、心の中で何を考えていたのかは誰も気にしない。数学モデルが要求するのは、証明の細部に気を配れということだけだ。

数学の第二の価値は、モデルの内的一貫性を保証するというものだ——簡単に言うと、結論が仮定から導けるかどうかである。これは平凡だが、不可欠な貢献だ。議論の中には、単純で自明過ぎるものもある。他の議論には、より慎重な扱いを要求するものもある。認知バイアスのせいで、見たい結果だけを導く場合には特にそうだ。結果が純粋に間違っている時もある。重要な仮定を取り除くと、議論が急に明示的ではなくなることもしばしばだ。こういう時、数学は有益な検証手段となる。ケインズ以前の経済学者の巨頭で、最初の本格的な経済学の教科書の著者、アルフレッド・マーシャルは優れたルールを持っていた。数学を簡略化された言語として用いよ。それを言葉に翻訳し終えたら、数学は燃やしてしまえ！　私が学生によく言うのは、経済学者が数学を使うのは彼らが賢いからではなく、十分に賢くないからだ。

私がまだ若く、経済学者として未熟だった頃の話である。一九七九年のノーベル賞受賞者で、偉大な開発経済学者のアーサー・ルイス卿の講義を聴いたことがあった。ルイスは複雑な経済関係について、単純なモデルを用いて本質をつかみ出す能力に長けていた。しかし、旧世代の経済学者の多くと同様に、自分の考えを数式ではなく、言葉で語る傾向にあった。ある時、貧困国の交易条件の導出が講義の話題となった。交易条件とは、輸入品に対する輸出品の相対価格である。ルイスが講義を終えると、聴衆の中から一人の若い、数学志向の強い経済学者が立ち上がって黒板に方程式を書き始めた。彼は最初、ルイス教授の言葉に混乱させられたと言った。困惑したルイスが見守る中で続けているうち、彼はようやく結論にたどり着いた。三つの方程式に三つの未知数が出てきたのだ。

数学は、経済学のモデルで純粋に手段的役割を果たす。原理的には、モデルに数学は必要ではない。モデルを有用にしたり科学的にしたりするのは数学ではないからだ。[*] アーサー・ルイスの例が示しているように、傑出した技芸の使い手は、数学をほとんど使わない。トマス・シェリングは、信頼性、コミットメント、抑止などの現代ゲーム理論の鍵概念となるものを発達させた人物だが、ノーベル賞が与えられたのは彼の広範な、数学を使わない研究に対してであった。[14] シェリングは、戦略的心性を持つ個人の相互行為のかなり複雑なモデルを、言葉、実例、そしてせいぜい数字だけを使って描き出す実に稀な巧の技を持っている。彼の著作は学界と政策担当者の双方に巨大な影響を与えた。ただし、私は次のことを認めざるをえない。シェリングの洞察の深さと議論の的確さは、私がそれらを数学的に表現してみた後で、完全に明らかになったのだ、と。

＊経済学の外側では、「合理的選択」という用語は、主に数学モデルを使う社会科学のアプローチの同義語となっている。この用語の使用は、いくつかのことが合成されている。モデルを使って社会科学を行うことは、数学を要求するわけではないし、必ずしも個人が合理的だという仮定を要求するわけでもない。

非数学的モデルは、経済学以外の社会科学でよく見られる。社会科学者が「〜と仮定しよう」とか、それに近いことを抽象的に言う時は、モデルを持ち込もうとしていると言える。例えば、ここに社会学者のディエゴ・ガンベッタが知識の性質についての信念の異なったタイプの帰結を検証した文章がある。「二つの社会の理念型が、一つの点のみで異なっていると想像しよう……。[15]」政治学の論文では、独立変数や従属変数への参照が頻繁に出てくる――明快な枠組を欠いている時でさえ、著者がモデルを模倣しようとしている確かな徴候だ。

直観に基づく言葉の説明は、数学を用いて精査すると、時に崩壊するか不完全であることが明らかになる。その理由は「言葉によるモデル」が、自明でないが潜在的に重要な相互作用を見逃しがちだからだ。例えば多くの実証研究で、政府による介入がパフォーマンスと負の相関を持つことが示されている。補助金を受け取った産業は、受け取っていない産業に比べると生産性の伸びが低い。この発見をどう解釈するべきか。経済学者でさえ次のように結論するのが普通である。政府は正しい理由よりも間違った理由に基づいて介入しがちである。例えば、政治的ロビー活動の結果として弱小産業を支援するなどである。これは説得力があるように聞こえる。あまりに自明なのでこれ以上の分析を要しないほどだ。しかし、正しい理由――経済的効率性を高めるために産業補助金を出す――に基づく政府の介入行動を数学的に記述して見ると、この結論には正当な理由がないかも知れないと分かる。市場がうまく機能しないがゆえにパフォーマンスの悪い産業は、大きな政府介入を正当化する――しかし、それらの不利が完全に相殺される程度まではではない。それゆえ、補助金とパフォーマンスの負の相関は、政府の介入が望ましい仕方で行われたのか、望ましくない仕方で行われたのかを教えてくれない。両方のタイプの介入が、観察された相関関係からは生じうるのだ。明快ではない？　では数学をチェックしてみるべきだ！。*

＊Dani Rodrik, "Why We Learn Nothing from Regressing Economic Growth on Policies," *Seoul Journal of Economics* 25, no. 2 (Summer 2012): 137–51. 経済学とは異なるが、進化生物学の傑出した理論家ジョン・メイナード・スミスが、数学をよりよく利用することがなぜ重要かを、以下のビデオで説明している。http://www.webofstories.com/play/john.maynard.smith/52;jsessionid=3636304FA6745B8E5D200253DAF409E0. メイナードは、なぜある種の動物が、アンテロープのように走りながら「ストッティング」と呼ばれるジャンプをするのかについて、言葉で説明された理論に不満を表明している。この行動は、動物の走る速度を遅くするので、非効率に見える。理論的には、ストッティングは潜在的な捕食者に、このアントロープを追いかける価値がないとシグナルを発している。このアンテロープは足が速いので、こんな非効率な走り方をしていてもいざとなったら逃げることができますよ、というわけだ。スミスはこのシナリオを数学的なモデルで記述し直そうと試みたが、望ましい結果——ストッティングはシグナルとして用いられた時、効率的なものとなる——は得られなかった。

一方で、あまりに多くの経済学者が数学と恋に落ち、その道具的性質を忘れている。行き過ぎた形式化——数学それ自体——は、この専門領域で流行している。経済学のある部門、例えば数理経済学は、社会科学のどんな種類にも増して応用数学を好むようになった。彼らは現実世界を参照するのではなく、他の数学モデルを参照する。この分野のある論文の要旨は次の文章で始まる。「われわれは、エージェントの完全有限測度空間の下での情報の異質性が存在する経済の枠組を用いて、拒否権メカニズムに基づくワルラス的期待均衡の新しい特徴を見出した。」[16] この分野の主導的で、最も数学志向の強い雑誌（エコノメトリカ）は、「社会的選択」理論——投票メカニズムの抽象モデル——をひところ掲載するのを止めていた。この分野の論文はより数学的に秘儀的になり、現実の政治から離れてしまったからだ。[17]

これらの仕事に厳しい評価を下す前に、経済学における最も有用な適用のいくつかは、部外者には全く難解な、高度な数学を用いたモデルから来ていると記しておきたい。オークションの理論は、抽象的なゲーム理論から導かれるものだが、大半の経済学者でさえほとんど入り込めない。* しかしこの理論は、連邦通信委員会によって行われた、国の通信の周波数を電話会社や放送局にできる限り効率的に割り当てて、連邦政府に六百億ドル以上の利益をもたらした原理に用いられた。[18] マッチングやマーケット・デザインのモデルは高度に数学的だが、今や研修医や公立学校の割り当てに用いられている。どちらも、高度に抽象的で現実世界とほとんど関係がないように見えるモデルが、何年も後に有益に適用されることになったのだ。

＊この理論に対する比較的分かりやすい解説は、以下を参照。Paul Milgrom, "Auctions and Bidding: A Primer," *Journal of Economic Perspectives* 3, no. 3 (Summer 1989), 3–22. より詳細な言及は以下に見られる。Paul Klemperer, *Auctions: Theory and Practice* (Princeton, NJ: Princeton University Press, 2004).

いいニュースは、世間の認識とは対照的に、数学それ自体があなたを経済学から遠ざけているわけではないということだ。価値あるものは「スマートさ」である。古いトピックに新しい光を当てたり、手に負えない問題を解けるようにしたり、本質的な問題に独創的で新しい実証的なアプローチを考案したりする能力だ。実際、経済学における数学的方法の強調は、とっくにピークを越えている。今日では、実証志向で政策と関連したモデルが、トップジャーナルでは純粋に理論的で数学的な演習よりも圧倒的に好まれている。この分野のスターや、最もよく引用される経済学者は、貧困、財政、経済成長、金融危機などの重要な公共問題に光を当てた人たちだ。彼らは別に数学の名人ではない。

単純さ 対 複雑さ

数学を用いているにもかかわらず、経済モデルはシンプルになる傾向にある。大抵の場合、経済モデルは紙とペンを用いれば事足りる。現実世界の大部分は省略される。ただし、これまで見てきたように、リアリズムの欠如はそれ自体としてはよき批判ではない。ミルトン・フリードマンの例をふたたび用いると、競合する企業人の眼の色を組み込んだモデルはリアルかもしれないが、良いモデルとは限らない。[19]あるものの影響が重要か重要ではないかは、最初に何を仮定するかにかかっている。もしかすると青い目をした企業人は愚かで、体系的に製品を低く値付けしてしまうかもしれない。モデル制作者の意図的な単純化は、取り扱いやすさを理由として作られるのだが、現実の結果に重要な含意を持つ。

単純さより複雑さを選ぶのはよくないことだろうか。近年、二つの関連した分野の発展で、この問いが関心を集めることになった。まず、計算能力の驚異的な上昇とそれに伴うコストの急激な低下で、大規模なコンピューターを使ってモデルを動かすのが容易になった。これらは何千という方程式を持つモデルであり、非線形で複雑な相互作用を含んでいる。コンピューターはそれらを解くことができる。人間の脳ができない時でも、だ。気象モデルはよく知られた例だ。大規模なコンピューターモデルは、経済学でも知られていないわけではないが、巨大なものは稀である。たいていの中央銀行は、経済の予測と金融・財政政策の効果を予測するのに、連立方程式モデルを使う。

第二の前進は「ビッグデータ」の到来であり、そこからパターーンや規則性を抽出できる統計学の進化とコンピューター技術である。「ビッグデータ」は、われわれがインターネットやソーシャルメディアを用いることで生まれる膨大な量の情報――われわれがどこにいて、何をしたかについて、瞬間瞬間のほとんど完全な一連の記録――である。われわれは、データから現れるパターンを基に社会関係の謎を解く段階に入っているか、もうすぐ入るところまで来ている。「ビッグデータは社会を複雑さのままに捉える機会を与えてくれる」と、この分野の指導的な支持者の一人が書いている。[20] 伝統的な経済モデルは、やがて古くさいものになるのかもしれない。

確かに、複雑さは訴えるところ大である。社会と経済が複雑なシステムであることを誰が否定できるだろう。「複雑システムを「複雑」にしているものに誰も本当は合意していない」と数学者で社会学者のダンカン・ワッツは書いている。「しかし、複雑性が多くの相互依存的な構成要素が非線形的に影響し合うことで生じるということは一般に受け入れられている。」興味深いことに、ワッツが直接の例として挙げているのは経済だ。「例えば、アメリカ経済は何百万という人々の個別の行動の産物である。同じように何十万という企業の、何千という政府機関の産物であり、テキサスの天気から中国の金利に至るまで数え切れないほどの外的・内的要素の産物でもある。[21]」ワッツが書いているように、経済の一部で起きる混乱――例えば、住宅金融の混乱――は増幅されて、経済全体を巻き込む大きなショックを作り出す。カオス理論で言う「バタフライ効果」だ。

経済に関してワッツが指摘したことは興味深い。大規模な経済モデルを構築する努力は、これまでのところ全く非生産的だからだ。もっと強く言うと、私はこうしたモデルから重要な経済的洞察が生まれると考えていない。実際、それらはしばしば、われわれを道に迷わせてしまう。当時優勢だった正統派マクロ経済学の過剰な自信は、ケインズ的基礎の上に一九六〇年代から七〇年代にかけて作られたアメリカ経済についてのいくつかの大規模なシミュレーションモデルを建設する結果として生じた。これらのモデルは一九七〇年代後半から一九八〇年代にかけてのスタグフレーション環境で十分なパフォーマンスを上げなかった。その後、それらは投げ捨てられ、合理的期待と価格伸縮性を特徴とする「新しい古典派」に代わった。それらのモデルに依拠しないで、いくつかの小さなモデルをケインズ派と新しい古典派の双方で同時に頭に入れて、一つからもう一つへといつ切り替えるかを知るほうがずっといいだろう。

こうした小さな、明快なモデルがないと、大規模なコンピューターモデルは実際のところ、分かりにくい。私は二つの意味で言っている。まず、大きなモデルに組み込まれた仮定と振る舞いの関連性は、どこかから来るべきだ。ケインジアンのモデルを信じているか、新しい古典派のモデルを信じているかによって、異なった大規模モデルが開発できる。もし、経済関係が高度に非線形的で非連続を示していると考えるなら、線形で「なめらか」と考える時とは違うモデルをつくるだろう。これら事前の判断は、複雑さそれ自体からは派生しない。それらは第一水準の理論から来る。

第二に、その代わりになるべきものとして、消費者の購入パターンのようなコンピューターが明らかにした経験的な規則性の観察に基づいたビッグデータを用いて、大規模モデルを理論とは相対的に無関係に構築できたと仮定しよう。気象モデルがそうであるように、そうしたモデルから予測を立てることはできる。しかし、決して対象それ自体についての知識を得ることはできない。というのも、それらはブラックボックスのようなものだからだ。われわれは、何が出てくるかを見ることはできるが、その内部で稼働するメカニズムを見ることはできない。これらのモデルから知識を補足するには、われわれは特殊な結果を帰結する因果メカニズムを考え出したり調べたりする必要がある。つまり、大きなモデルの小さいバージョンを作る必要があるのだ。そうすることでのみ、何が起きているかを理解したと言うことができる。その上、複雑なモデルの予測を評価するとき――それが今回の景気後退を予測したとして、次を予測できるだろうか——われわれの判断はその下地となる因果メカニズムの性質に依存している。もしそれらが、われわれが小さなモデルに適用した同じ基準によって、説得的で合理的であれば、信頼する理由を持つことになるだろう。そうでなければ信頼できない。

国家間の国際貿易協定の分析で一般に用いられる大規模なコンピューターモデルを考えて見よう。これらの協定で、労働や資本、その他サービスの市場を通して結びついた、何百という産業の輸出入の政策が変わる。一つの産業で起きる変化は他のすべてに波及するし、逆もまた同様である。もしわれわれが、貿易協定の経済全体への帰結を理解したいのなら、すべての相互作用を跡づけるモデルが必要になる。原理的には、計算可能一般均衡モデル（CGE）と呼ばれるものがそれを行う。それらは部分的には広く行き渡った貿易モデルを基礎に構築されており、部分的には観察された経済的規則性を再現するためのアドホックな仮定（国民のアウトプットの一定割合が国際的に貿易される、など）に依拠している。メディアの評論家が、アメリカとヨーロッパの間で結ばれようとしている環大西洋貿易投資連携協定（TTIP）が何十億ドルもの輸出と所得を作り出すと言う時、彼らはこうしたモデルの結果を引用している。

疑いなく、この種のモデルは判断する上で重要な材料を提供してくれる。しかし究極的には、それらのモデルによって得られる結果は、紙と鉛筆のモデルによって動機づけられ、正当化できる限りにおいて信頼できるものになる。下地となる説明が透明で直観的に理解できない限り——シンプルな結果を生み出すシンプルなモデルが存在しない限り——複雑性それ自体は、少しだけ詳細という以上の何ものももたらさない。

ティッピング・ポイント（転換点）や相補性、複数均衡、経路依存性など、複雑さを強調するモデルから生じる特殊な洞察についてはどうか？　複雑な理論によって強調された「非標準的」な結果が、経済学者がよく使うより線形的でスムーズな振る舞いをするものと鋭い対照をなすのは確かだ。現実世界の結果が時としてこれらのスパイク波形で描写できるのも確かに真実である。しかしながら、これらの種類の結果は、小さくシンプルなモデルでも発生するし、起源はむしろそちらのほうである。ティッピング・ポイントのモデルは、十分な数の個人が行動を変えると突然、全体の行動が変化するというものだが、最初に開発され、異なる社会環境に応用されたのはトム・シェリングによってである。一九七〇年代に開発された理論的な範例は、異なった人種が混じり合って住む地域で、白人の移住が決定的な閾値を超えると、完全に隔離になるというものだった。複数均衡が存在する可能性は、しばしば高度に形式化されたモデルの文脈で、長い間経済学者によって知られ、研究されてきた。私はこの章のはじめに一つの例（造船と協調ゲーム）を与えた。経路依存性は動学的経済モデルの大半で見られる特徴だ。他にもたくさんある。

評論家は、経済学者がこうしたモデルを、よくある競争的市場モデルの「標準的」な事例にとって例外と取り扱っていると議論するかもしれない。その評論家はポイントを突いている。経済学者は確実で標準的なモデルを、他を犠牲にして過度に固定化しようとする傾向にある。ある設定では、単純なモデルは単純に過ぎる。われわれはもっと詳しいモデルを求めるべきかもしれない。大事なのは、問題となっている相互作用を隔離することであって、それ以外にない。先の事例で見たように、モデルはそれができるし、依然として単純なままである。一つのモデルはいつも他のモデルより優れているとは限らない。覚えておこう。それは一つのモデルであって、唯一のモデルではない。

単純さ、現実主義、そしてリアリティ

「科学の厳密さについて」と題された、本当に短い――厳密に言えば一つの段落――ショートストーリーで、アルゼンチンの小説家ホルヘ・ルイス・ボルヘスは遠い昔にあったという不思議な帝国について書いている。そこでは、地図制作者がとても真面目に、厳密さを期して地図を作成していた。できる限り詳細にしようと追求した結果、できあがったのはこれ以上ないほど大きな地図だった。州の地図は都市の大きさに拡大され、帝国の地図はある州をまるごと包み込むほどだった。時代を経るにつれて、このレベルの詳細さでは満足できなくなり、地理院は帝国の地図を、縮尺一分の一のスケールで描いた。しかし時代が下るにつれて地図製作の技法への関心は失われて、地図の使い道がなくなってしまった。地図はうち捨てられ、砂漠の中で朽ち果てた。[22]

ボルヘスの物語が描いているのは、モデルが有用なものになるには複雑である必要があるという議論の反対である。経済学のモデルが妥当で、世界について教えてくれるのは、モデルが単純だからだ。妥当性は複雑性を要求しないし、複雑性は妥当性を邪魔しない。単純なモデル――複数形だ――は、絶対不可欠である。モデルは決して真実ではない。しかし、モデルの中には真実がある。[23] われわれは、単純化することによってのみ、世界を理解できるのである。

第二章　経済モデルの科学

モデルによって経済学は科学となる。このような主張を行うとき、私の頭の中にあるのは、自然界の基本法則を明らかにしようとする物理学や化学のような科学ではない。経済学は社会科学であり、社会には自然界に存在するのと同じような基本法則は存在しない。岩石や惑星と違い、人間は自らの意思で動く。自らの行動を選択するのだ。行動は、ほとんど無限の可能性を生み出す。われわれが語ることができるのは、良くて傾向性や、状況依存的な規則性、結果のようなものについてである。また私の頭には、抽象的概念を用いて、正しいか間違っているのかを決定できる正確な計算式を生み出す数学のようなものも思い浮かばない。経済学は現実世界を扱う学問であり、数学と違って全く理路整然としていないのだ。経済学者がしばしば道を誤るのは、まさに自分たちを物理学者や数学者と似たようなものだとうぬぼれているからである。

その対極では、評論家が経済学者が科学を僭称していると馬鹿にしている。経済学者はせいぜい疑似科学を実践しているに過ぎないと文句をつけている。意外にもケインズは、経済学にそれほど多くのものを期待していなかった。「経済学者が、少なくとも歯医者と同じくらいに謙虚で有能な人物と認められるようになることができたとしたら素晴らしいことだ」と一九三〇年に書き残している。[1] 人間社会を悩ませる様々な弊害や病的現象を考えると、歯医者を目標とすることさえ高望みし過ぎなのかもしれない。経済学者は自分たちがどれほど多くのことを知っているのかだけでなく、どれほど多くのことを学ぶことができるのかについても、大いに謙虚でなければならない。

これらの厳しい指摘を踏まえることで、モデルが科学的なものとなるために必要な要素を改めて明らかにすることができる。第一に、前章でも述べたように、モデルは自らの立てた仮説について、その論理と成立の可否を決める条件を解明することで、その本質を明らかにする。一般的にこれは、直観で感じることについて、その細部にまで気を配ること――細部こそが重要なのだ――洗練することによって行われる。そしてモデルがしばしば成し遂げるより重要な成果は、直観と反することが生じる可能性や予期せぬ結果について、われわれの目を開かせることにある。第二にモデルは、様々な社会現象について説得力のある説明や理解を加えることによって、知識の蓄積を可能とする。蔵書が加わることで図書館が拡大するようにして、経済学は進歩するのだ。第三に、モデルは実証を伴う。原則としてモデルは、特定の仮説や解釈が現実の状況にどれほど当てはめることができるのかを示す。モデルを用いることで、それらの仮説が正しいのか間違っているのかを判断することができる。仮説に優劣がつくほど十分な実証的証拠を得ることができない場合でも、モデルによってそれらの仮説の違いを区別することができる。最後に、モデルを用いることで、社会的地位や個人的なコネやイデオロギーに基づいた、世間一般に広まっている権力関係の影響を受けることなしに、広く共有されている専門的な基準に基づいた知識を生み出すことが可能となる。経済学研究の地位は、彼（女）が誰であるかではなく、研究の質によって決まるのだ。

仮説を明確にする

厚生経済学の第一定理という仰々しいタイトルをつけられた定理は、おそらく経済学の至宝と言ってよいものだろう（まもなく、これと匹敵する対抗馬に出くわすことになるが）。一般的に、初年度の大学院生は、その後二度と使うことがないようなたくさんの数学的手法（実解析や位相数学）を身につけながら、この定理の証明にたどり着く。この定理は、前章で述べた「完全競争市場モデル」の基本的な意味合いを示す数学命題に過ぎない。内容を手短に言うと、競争市場経済は効率的であるということだ。より正確に言うと、定理で用いられている仮定の下では、市場経済はすべての経済体制の中で最大の経済的成果を実現できるということだ。どうやり繰りしても誰の状況も悪くなることがなく誰かの状況を改善する資源の再配分を実現できる方法がないという意味で、市場経済の状態からさらなる改善を実現する方法はない。* このような効率性の定義——イタリアの博学者であるヴィルフレド・パレートに因んでパレート効率性と呼ばれる——は、公平さやその他の実現可能な社会的価値には全く注意を払っていないことに注意してほしい。このため、市場経済によって総所得の九十九％についてたった一人の人間が受け取ることになったとしても、その状態から資源を再配分することによって社会の残りの人々の得る利益と比べて、彼の被る損失が上回るのであれば、この状況は「効率的」となる。

＊続く厚生経済学の第二定理では、適切な資源の再配分によって市場経済とは異なる別の効率的状態をいかに実現できるのかについて述べられており、本質的に効率性と分配上の問題は別のものだと指摘している。より最近の研究では、二つの定理の前提のいくつか——市場や情報の完全性——が成立していないときに、いかにしてこの二つの問題が結びつくのかが示されている。

超関数を用いることの複雑さはあるが、これは——理解しにくいが——強力な結論である。今日、われわれが市場と聞いてすぐに効率性を連想するのは――遠回しに言うと――二世紀以上にわたって市場経済と資本主義の便益について教え込まれたことが大きい。数百万の消費者、労働者、企業、貯蓄家、投資家、銀行や投機家といった自身の個人的利益を厳しく追求する個々人が集まっているのに、経済的混乱以外の状況が実現するなんて、表面上は全く自明のことではない。しかし、モデルによると、その結果は実際に効率的なものになる。

厚生経済学の第一定理は、見えざる手の定理として経済学者の間で広く知られている。このことを広い意味で初めて述べたのは、経済学者の父といってもよいアダム・スミスだ。スミスは、「見えざる手」という語句をこのような意味では使っていなかったが、市場では個々の消費者や生産者が分権的に行動を決定しているにもかかわらず、集合的な利益が実現すると論じている。「われわれが自分の夕食にありつけると期待できるのは、肉屋や醸造家やパン屋が慈悲の心を持っているからではなく、自分の利害について考えているからなのだ」とは、スミスが残した有名な一文である。[2]

価格インセンティブの存在によって市場が自動操縦で動く驚くほど効率的な調整マシンへと変貌するというスミスの指摘は、レーガンやサッチャー政権による市場改革の波がまさに起ころうとしていた一九八〇年に放送されたミルトン・フリードマンによる人気テレビシリーズ「選択の自由」によって、人々に強烈に知らしめられることとなった。鉛筆を手に取るたびに、フリードマンは自由市場によって成し遂げられた偉業に驚嘆した。彼が言うには、この鉛筆が出来上がるまでに――黒鉛の採掘、木の伐採、部品の組み立て、そして最終生産物の販売と――世界中の数千の人々の手がかかっている。しかし、鉛筆が消費者の手にたどり着くまでの様々な工程間の調整をやってのけたのは、決して中央当局ではなく、価格システムなのだ。[3]

アダム・スミスとミルトン・フリードマンの解釈を並べてみると、第一定理そのものに高度に抽象的で計り知れないほど理解しがたい論理が備わっていることがわかる。この定理は、一九五〇年代初期に、ケネス・アローとジェラール・ドブリューによって初めて完全な定式化がなされたが、その際に当時の大半の経済学者にとってはあまり知られていなかった数学が用いられた。[4] ドブリューによる一九五一年の論文の前段では、彼が取り組んだ課題の本質についての意味付けがなされている。「この論文で示されている経済システムの働きは、n個の生産主体とm人の消費者が1個の商品を（完全に分割可能もしくは不可能な数量）生み出すものだと理解することができる。」[*] アローとドブリューの著作は経済学にとって根本的なものであり、これによって両者はノーベル賞を獲得したにもかかわらず、めったに読まれることはない（正直、この本を書くことになって初めて私は彼らの著作に目を通した）。その代わりに、経済学者は教科書やその他の二次文献によって彼らの著作の内容について学んでいる。

＊こんな冗談がある。ドブリューが一九八三年にノーベル賞を受賞した時、ジャーナリストが経済の先行きについての彼の見解を知りたいと声をかけてきた。彼はしばらく考えた後、こう続けた。「n種類の製品とm人の消費者からなる経済を考えてみよう。……」

第一定理は、見えざる手の仮説を実際に証明している点で偉業といえる。すなわち、ある一定の仮定の下で、市場経済の効率性は、単なる推測や可能性ではなく、前提条件から論理的に導き出されるものであることが示されているのだ。この結果は数学のみを用いて示されているので、実際に正確な計算式を得ることができる。この結果がいかにして生み出されたのか、モデルによってわれわれは正確に知ることができるのだ。特に、モデルを用いることによって、効率性の実現を確実にするために必要な具体的な仮定が明らかにされている。

実際にそのような仮定を並べていくと、長いリストが出来上がる。消費者と生産者は、合理的で自らの経済的優位性を最大化することにのみ専念していなければならない。すべての物事について市場が存在していなければならない。それには、起こりうるあらゆる偶発的状況を考慮したすべての未来の市場も含まれている。情報は完全――例えば、ある製品について、消費者は購入して使用する前でさえもその属性についてすべて知っている――でなければならない。生産者側の独占的行為、規模の経済性や「外部性」（汚染や研究開発活動が他の経済主体に及ぼす学習効果のようなもの）は排除されなければならない。もちろん、アダム・スミス以降の経済学者は、そのような複雑さの存在が見えざる手に支障をもたらすことを知っていた。しかし、アローとドブリューは、これらの仮定をすべて取り入れることによって、すべての証明を明白かつ正確に行ったのだ。

第一定理は全くの仮想世界について考えられたものであり、現実の市場がそうであるといっているわけではない。この定理を実世界に当てはめようとすると、批判的論考や実証的証拠、そしてさらなる理論の構築が必要だ。経済政策の妥当性をいかに判断するのかは、粗末なロールシャッハ・テストのようなものだ。経済自由主義者や政治的な保守派にとって、この定理は市場経済社会の優位性を立証しているように見える。左派の考え方を持つ人々にとっては、この定理においてたくさんの前提条件が必要であるということは、市場を通じた効率性は事実上実現不可能なことを意味するように見える。定理自体は、現実世界の政策論争にほとんど影響を与えることはない。しかし、この定理とそれによって生み出された文献のおかげで、アダム・スミスの見えざる手が働く環境と働かない環境について、われわれが以前よりもよく理解できるようになったことについては、誰も否定しないだろう。[*]

*見えざる手の定理を満たすために必要な仮定は、十分条件であって必要条件ではない。言い換えると、仮定の

うちのいくつかが満たされない場合であっても市場は効率的なものとなり得るのだ。このため、アロー＝ドブリューの基準が完全に満たされていない場合であっても自由市場は望ましいものだと主張する経済学者もいる。

さて、今度は経済学のモデルが、少々直観に反するかもしれない議論をはっきりと理解するのにいかに役立つものなのかについて示した、別の重要な例について取り上げてみよう。一九三八年、アメリカのポーランド出身の数学者のスタニスワフ・ウラムは、若き日のポール・サミュエルソンに、社会科学において真実だが自明ではない命題を一つ挙げるよう問いただした。サミュエルソンの答えは、デイヴィッド・リカードの比較優位の原理であった。「この原理とは、四つの数字を用いることで、まるで手品のように、世の中には本当にフリーランチが存在する――そして、それは国際貿易によってもたらされる――ことを示している。」[5]リカードの論証は一八一七年に遡る。各国が比較優位に従って生産を特化させることによってすべての国が経済的利益を得ることができるという彼の論証は、単純かつ説得力のあるものだった。[6]しかし、この原理が非自明的な性質を持っていることは、教養のある評論家たちの間でさえ、この原理がしばしば誤解されて用いられていることからも明らかだ。エイブラハム・リンカーンのものとされる貿易に反対する意見――「われわれが外国から工業製品を購入する場合、われわれは製品を得るが、外国人はお金を得る。しかし、われわれが国内で工業製品を購入する場合、われわれは製品を得ながらお金を国内に保有し続けることができる」――は信憑性がないかもしれないが、その非論理性を容易く看破できる人はそれほど多くないのだ。

ある国が、他国から安い製品を輸入することによって、労働や資本のような他の利用方法もある国内の生産要素を効率よく利用できるようになることは、リカードが出てくるよりもはるか以前からよく理解されていた。[7]しかし、貿易が輸出国と輸入国の双方にいかにして経済的利益をもたらすのかについては不明なままだった。特に、すべての財について他国よりも少ない生産要素を用いて生産できるという意味で、ある国がすべての面において相手国よりも効率的である場合、その国は貿易によって同様な利益を得ることができるのだろうか？　この問題に対して、リカードは利益を得ることができるとの回答を導き出した。彼は、経済学のモデルの使い方として真っ先に行う（そして最も効果的な）方法の一つである数値例の構築を行った。それが、経済学者が二国二財貿易モデルとよぶ、二国（イングランドとポルトガル）と二つの商品（衣服とワイン）からなるモデルである。

リカードは次のように書いた。ポルトガルでは一定量のワインを生産するのに八十人、衣服を生産するのに九十人の労働者が必要であると仮定する。イングランドでは、同量の生産を行うのにそれぞれ百二十人と百人の労働者が必要だとする。衣服とワインの両方について、ポルトガルはイングランドより効率的に生産できることに注意してほしい。にもかかわらず、ワインをイングランドに輸出しその代わりに衣服を輸入することによって、ポルトガルは経済的利益を得ることをリカードは示したのだ。貿易を行うことによって、ポルトガルは「国内資本の一部をワインの栽培から衣服の生産へ転換するよりも多くの衣服をイングランドから得ることができるのだ。」[8]貿易利益を生み出すのは絶対優位ではなく比較優位だ。ある国は、相手国に比べて相対的に効率よく生産できるものを輸出し、相対的に効率的に生産できないものを輸入することによって経済的利益を得る。

いまの話をよく理解できないのであれば、サミュエルソンが言ったことを思い出してほしい。この原理は決して理解しやすいものではない。この原理を実際に理解するためには、いくつかの計算を行う必要がある。

リカードの単純なモデルは、貿易利益の発生が何らかの条件に左右されないということを明らかにした。ある国が何らかの製品の輸出に成功するためには、その製品を貿易相手国よりもうまく生産できるようになる必要はないのだ。また、輸入によって便益を得るためには、その製品の生産が相手国よりも不得意である必要もない。その後、代々の理論家たちがモデルを手直しすることによって、この原理がその他の条件に左右されることなく成立することが明らかにされていった。どれだけ多くの商品が存在しようが、どれだけ多くの国が貿易に参加しようが関係ない。貿易財に加えて非貿易財やサービスが存在していてもいなくても、輸出入が一定期間均衡していてもいなくても、資本（もしくは他の資源）がある産業から他の産業に容易く移動できようができまいが関係ない。比較優位の原理と貿易利益に関する限り、これらのことに関する単純化はその成否について全く重要なものではないことが分かったのだ。

さらなる研究で、この原理が成立するための制約条件もまた明らかになった。例えば、第一定理が成立しないときと同様な条件が成立する場合、貿易による損失が発生することがある。外部性や規模の経済性が存在する場合、少なくともいくつかの国が貿易によって損失を被る例を作ることは可能だ。一九五〇年代と六〇年代の発展途上国は、このような見解に取りつかれ、それに応じて国内で繁栄させたいと望む産業について輸入障壁を築くようになった。貿易利益が存在する場合でさえ、それは国内にいるすべての人が貿易利益を得ることを意味するとは限らない。事実、最新のモデルでは、少なくともいくつかの集団――例えば、輸入競合産業の従業員、あるいは熟練労働者が比較的豊富な国の未熟練労働者たち――は、貿易によって損失を被ると結論付けている。すべての人々に恩恵をもたらすという理由で自由貿易に賛同する者たちには、比較優位が実際にどのように作用しているのかについて理解していない人もいるのだろう。

比較優位の原理と厚生経済学の第一定理は、モデルが経済仮説の本質――その仮説が正確にどのようなことを述べているのか、なぜその仮説が有効なのか、そしてどのような条件でその仮説が適用されると期待できるのか――を明らかにすることを示した最も明白で重要な例である。しかし、これらは経済学研究の一般的なやり方を示すよくある例でしかない。金融投機は、経済の安定にとって望ましいことなのか有害なものなのか？　貧困家庭を支援する場合、現金給付を行うべきなのか、あるいは教育補助金を支給するべきなのか？　金融政策は裁量的に行うべきか、あるいは厳密なルールに従うべきか？　それぞれの問題に対する経済学者の取り組み方は、モデルを仮定し、どっちの結果が勝るのかを決める条件を点検するというものだ。

この種の磨き上げられた論理思考が、直接的な事例によって取って代わられることはめったにない。極端な例として、これらの疑問を解決する決定的な事例があったと仮定する。そのような事例は、必然的に特定の地理的位置や時期に特有のものとなるだろう。確かに、シカゴ商品取引所におけるトウモロコシの先物相場は、一九九五年から二〇〇四年の期間、金融投機の存在によって安定化したし、また二〇一〇年から二〇一二年の期間、タンザニアでは小学生の子供に対する教育補助金よりも直接的な現金支給のほうが実際により有効に機能した。この種の事例を役立つものとするためには、それを適切に理解できるように経済モデルに当てはめて考える必要がある。例えば、現金支給が教育補助金よりも有効なのは、それが家族に対してより望ましいインセンティブを与えるからなのか、あるいはプログラムを執行する官僚の仕事量を減らすからなのか？　得られた事例を他の状況（あるいは将来の状況）に当てはめて推測を行う際にも、モデルを活用する必要がある。例えば、金融投機は為替市場もまた安定化させるだろうか？　トウモロコシの先物相場における投機は、この二年先も市場を安定化し続けるだろうか？　モデルが明確なものになればなるほど、得られた事例を理解したり、他の状況に当てはめたりするために設定すべき仮定がより理解しやすくなる。

普通の直観が役に立たないとき

経済学者が自分たちについて用いる冗談の一つに、「経済学者は実際に起こっていることを見ても、それが理論上でも有効なのかを疑う人のことをいう」というものがある。直観に従うことによってわれわれがいかに容易く道を誤るのか、そして人生において時折直観に反する結果がいかに生じるのかを実感するまで、このことは馬鹿げたことに思えるかもしれない。経済学のモデルによって、そのような予想しない結末が生じる可能性を理解できるように洞察力を高めることができるのだ。このような驚くべきことは、様々な形で出現する。

その一つ目は、「一般均衡的な相互作用」だ。聞き慣れない用語だが、これは「部分均衡」や単一市場の分析と異なり、異なる市場間のフィードバック効果を捉えるときに使われる。例えば、労働市場で起こっていることは製品市場に影響を及ぼし、次に資本市場に影響を与え、さらに別の市場に影響を与えるというようなものだ。この連鎖を辿ることによって、一時点の一つの市場に限定された単純な供給―需要モデルで得られた結論が修正される――時には逆転する――ことがよくある。

アメリカや他の先進国において政治的関心を大いに集める移民問題について考えてみよう。移民の増加――例えばフロリダにやってきたとしよう――は同州の労働市場にどのような影響をもたらすのだろうか？　その際、真っ先に浮かぶ直観は需要と供給に基づくものだろう。つまり、労働者供給の増加は、その価格である賃金を下落させるだろうというものだ。もし二次的あるいは三次的効果が生じなければ、移民がもたらす影響の話はそれでほとんど終わりだろう。

しかし、労働市場における競争の激化に応じて、現地の労働者がフロリダ州から出てアメリカの他地域で職を得るとしたらどうだろうか？　雇用可能な労働者が増加することで、企業が新しい工場や業務を同州に持ち込み実物投資を増加させることになったらどうだろうか？　熟練度が最も低い層の労働者が増えることによって、新技術の導入が遅れることになったらどうだろうか？　移民労働者たちが、移民労働者が生産する製品に対する需要を増加させたらどうだろうか？　これらの可能性は、それぞれ移民がもたらす当初の影響を相殺することになるだろう。これと同様なことが、マイアミが一九八〇年代のマリエル事件でキューバから殺到してきた大量の移民——マイアミの労働力の七％にも達する規模だった——を受け入れたときに起こったようだ。カルフォルニア大学バークレー校の経済学者デイヴィッド・カードは、移民の流入がマイアミの賃金や失業に対して、最も熟練度の低い労働者にさえも実際には全く影響を及ぼしていないことを明らかにした。このような結果が生じた正確な理由はいまだ議論の対象となっているが、一般均衡によって示される様々な効果のいくつかが働いたものと思われる。[9]

一般均衡的な考え方がいかに重要なのかを示す別の例もある。あなたがアメリカの縫製業で働く熟練度の高い専門職——技術者、会計係または経験豊富な機械工——だと仮定しよう。ベトナムやバングラデシュのような低所得国との貿易拡大はあなたにとって有益なのか害悪をもたらすものなのか？もし縫製産業に起こることのみを考える（すなわち部分均衡的に考える）と、あなたの暮らし向きは悪くなると結論付けることになるだろう。これらの国は、おそらくアメリカの縫製企業にとって競争上の強大な脅威となるからだ。しかし、今度は輸出する側のほうについても考えてみよう。アメリカ経済のより広い範囲に目を向けると、アメリカから輸出収入を得ることによって拡大したこれらの新しい市場への輸出が増加することから、輸出部門は成長し新しい雇用機会が発生する。このとき拡大する部門はおそらく熟練集約度が高いものだろうから、たくさんの技術者、会計係、そして経験豊富な機械工を雇用することを望むようになるだろう。このような多数の市場間の相互作用が経済に行き渡ると、あなたは別の企業に移るか移らないにかかわらず、自らの技能や知能に対する需要が増加することで、最終的に実質的な報酬が以前よりも高くなることが理解できるだろう。*

＊これは基本的な比較優位の原理の拡張として有名なストルパー＝サミュエルソン定理と呼ばれるものだ。この定理は、貿易の開始はその国に豊富に存在している生産要素に（どの部門で雇われているかに関係なく）恩恵をもたらし、希少な生産要素に対して損失をもたらすというものだ。その根底にある仮定とは、異なる生産要素――異なる技能を持つ労働者や資本――は産業間を移動することが可能というものだ。Wolfgang Stolper and Paul A. Samuelson, "Protection and Real Wages," *Review of Economic Studies* 9, no.1 (1941): 58-73.

予想外の結果は、セカンド・ベスト（次善）の経済学と呼ばれるものからも発生する。セカンド・ベストの一般理論は応用経済学者が用いる最も便利な道具の中の一つであるが、経済学の修練を積んでない人にとっては最も反直観的なものかもしれない。この理論は、まずジェイムズ・ミードが貿易政策の分野で開発し、その後リチャード・リプシーやケルビン・ランカスターによって一般化された。[10] その核心的な知見は、一部の市場を自由化する、もしくはこれまで存在しなかった市場を開放することは、その他の市場や関連市場に制約が存在し続けている場合には、必ずしも有益なものになるとは限らないというものだ。

当初、この理論は欧州共同市場のような複数国間の貿易協定の分析に用いられていた。この協定では、参加国が相互に貿易障壁を削減もしくは撤廃することによって、参加国間の貿易を自由化していた。比較優位の原理から得られる基本的な直観に従うと、すべての国が貿易利益を得るものだと思われていた。しかし、必ずしもそうではないのだ。貿易障壁について特恵措置を設けたことによって、現在フランスとドイツは双方向により多くの貿易を行っている。これはいいことだ。このような現象は「貿易創出効果」として知られる。しかし、同様な理由で、現在ドイツとフランスではアジアやアメリカからの低コスト製品の輸入が以前より少なくなったかもしれない。このことは悪いことだ。専門用語でいうと、これは「貿易転換効果」と呼ばれるものだ。

貿易転換効果がどのようにして経済厚生を損なうのかを理解するために、アメリカがドイツに百ドルの価格で牛肉を供給していると想像してみよう。ドイツが二十％の輸入関税を課すと仮定すると、ドイツ市場におけるアメリカ産牛肉の消費者価格は百二十ドルに上昇する。一方、フランスは同量の牛肉を百十九ドルで供給できるとする。フランスとドイツが特恵協定を締結する前は、フランスの供給者はアメリカの生産者と同率の関税率に直面していたために、商売上対抗できなかった。今、ドイツがフランスからの輸入関税を撤廃するが、米国に対する輸入関税はそのまま据え置いたときに何が起こるのかを考えてみよう。フランスがドイツに供給する牛肉は（ドイツでの消費者価格が百十九ドル対百二十ドルになることから）突如安くなり、アメリカからの輸入は急減する。ドイツの消費者は一ドル豊かになるが、ドイツ政府は以前ならアメリカ産牛肉から徴収していた二十ドルの関税収入（それは消費者に還元されたり、ドイツにおける関税以外の減税の財源に用いられたりしただろう）を失うことになる。結局、ドイツはひどい仕打ちを受けることになるのだ。

「セカンド・ベスト」の論理は、より幅広い課題にも用いられている。最もよく知られているのは、オランダ病と呼ばれる一連の出来事だ。これは、オランダで一九五〇年代後半に天然ガスが発見された結果生じたことから名づけられた。その後多くの観察者が指摘したのは、オランダの製造業の競争力が一九六〇年代に悪化したのは、天然ガスからの巨額収入が当時オランダ通貨であったギルダーの通貨価値上昇をもたらし、オランダ製製品が市場シェアを失ったからだというものだった。セカンド・ベストの一般理論は、資源ブームが（経済的に）悪いニュースとなり得る状況を明らかにした。資源ブームの発生は通貨高の進行によって、自然といくつかの――製造業のような――経済活動を脇に押しやることになる。* このこと自体は問題ではない。構造変化は経済的進歩の重要部分だからだ。しかし、押しやられた活動が――政府によって規制が課される、もしくは経済の他部門への技術的スピルオーバーの源であったりという理由で――過小供給状態になったとすると、話は違ってくる。重要な活動が縮小することによる経済的損失は、資源部門からの直接的な利益を上回ることさえあり得るのだ。これは単なる理論上の懸念ではない。サハラ以南のアフリカの資源豊富国の政府は、利益を生み出す鉱業活動から生じる賃金上昇圧力によって製造業の競争力が悪化していることから、このような課題に日常的に直面している。

＊通貨高の進行のほうがより直接的なメカニズムとして作用するが、国内賃金の上昇も同様な効果をもたらす原因となる。経済活動が押しやられるためには、単純に外貨で評価した国内賃金の上昇が必要なのだが、これは賃金の上昇、自国通貨価値の上昇、あるいはこれら二つの複合効果によって生じる。

セカンド・ベストの理論が示す相互作用は、標準的な結論をいつも逆転させるわけではない。時には、市場自由化の論拠を強化することもある。オランダ病の例では、縮小するのが対価を支払うことなく環境を破壊する「汚染」産業である場合、製造業に対する悪影響はその国にとっていいニュースとなるだろう。しかし多くの場合、このような影響は、われわれを目指していたところからはるか遠くへ外れた方向に導くというよりも、正しい方向に思えるような動きで、われわれの直観をひっくり返す。誤りに誤りが重なると相殺されることがあるのだ。市場は決して教科書で述べられるような完全なものではなく、実生活ではこのようなセカンド・ベストの問題があふれている。プリンストン大学の経済学者であるアビナッシュ・ディキシットは次のように述べている。「世界はせいぜいセカンド・ベストなものでしかない。」[11] このことは、うまく機能する市場を仮定する経済学者のベンチマークモデルに対して慎重に扱わなければならないことを意味している。多くの場合、これらのモデルには、より顕著な市場の不完全性をいくつか導入することによって工夫を凝らす必要がある。正しいモデルを選んで用いることはその秘訣なのだ。

反直観的な結果を生み出す三番目の要素は、戦略的行動や相互作用だ。その例については、すでに囚人のジレンマの説明において述べた。この場合は、各プレイヤーの機会主義的な行動によって、彼らがむしろ避けたいと思っていた結果が生じることが示されていた。より大まかに言うと、昔トマス・シェリングが述べたように、戦略的相互作用――私の行為は相手に影響を与え、その逆もまた成立するだろう――の存在を理解することによって、他の状況ではほとんど意味のなさない行動が生じうる。[12] こちらの要求を聞かなければ爆撃するぞという脅しは、相手がそれに報復する能力を持つ限り説得力はない。そのような脅しに効果はないのだ。しかし、最初にこちらが「気違い」のふりをして、こちらが合理的な判断を行うという相手の考えに疑問の種を蒔いたらどうなるだろうか？

相互作用をうまくプレイヤーの優位に転換させようと考えられた戦略的な行動には、様々なものがある。合意を取りつける最終期限までは、こちらはさらなる値下げ交渉を受け入れる気がないことを相手に信じさせるために、単純に相手との一切のやり取りを遮断することもある――「背水の陣」の戦略という。相手がこちらと競合することを防ぐために、もしこちらの業種に相手が参入してきたら、最終的にお互い破産するまでの大胆な値下げを行わざるを得なくなるような過剰設備をあらかじめ設置することもある。借り手としての信用性を増すために、借りたお金を返すことができない場合に、こちらに（足を折るような?）大きな犠牲を強いる第三者（マフィア?）と契約を結ぶこともある。[13] これらすべてのケースでは、戦略的な状況でなければ意味をなさない行動が、競合者や仲間の費用─便益計算を変えることを意図した目的という観点で見ると、突然説得力のあるものとなる。

最後に、反直観的な結果のいくつかは、大雑把に言うと短期的に望ましいことと長期的に望ましいことに矛盾が存在することを意味する「選好の時間非整合性」の問題から生じている。政治家は、紙幣の増刷が長期的にはインフレしか生み出さないことをわかっているかもしれないが、選挙前に、経済活動を幾分か余分に活性化するために少々のインフレを引き起こしたいという誘惑に抗しきれないことがよくある。消費者は老後に備えて貯蓄するべきだということを知っているが、しばしばクレジットカードを最大限に使わずにはいられなくなることがある。これらの例も戦略的相互作用の一種であるが、相互作用が今日の自分と未来の自分の間で起こっているところがこれまでと違っている。今日の自分は望ましい行動をとることを約束することができないために、将来の自分に害を及ぼすことになるのだ。

これらの問題に対する一般的な解決法に、プリコミットメント戦略と呼ばれるものがある。インフレの例では、政策立案者は、価格安定化のみを任務とするもしくは超保守的な銀行家によって運営される独立した中央銀行に、金融政策を委託するといいのかもしれない。貯蓄の例でいうと、雇い主に退職給付制度への自動引き落としを求めるといいのかもしれない。これらのケースが示す逆説とは、個人の行動の自由を制約することがかえってその個人のためになるということであり、このことは選択肢が少ないよりも多いほうが常に望ましいという経済学の格言に反している。しかし、この逆説はただの錯覚だ。あるモデルで逆説と呼ばれるものは、別のモデルにおいては容易く理解できるものであることが多いのだ。

科学的進歩、一つの時代に一つのモデル

経済学者に経済学を科学たらしめるものとは何かを尋ねると、次のような答えが返ってくるだろう。「それは科学的手法を用いているからだ。われわれは、仮説を立ててから検証する。ある理論が検証に失敗すれば、その理論を捨てて別の理論に置き換えるか、その理論の改良版を提示する。その結果、世界をよりよく説明する理論が開発されて、経済学は進歩していくのだ。」

これは素晴らしい話だが、経済学者が実際に行っていることや、経済学が実際にどのような進歩を遂げているのかとは、ほとんど関係していない。* 第一に、経済学者の研究の多くは、最初に仮説を構築した後に現実世界の事実に向かい合うという、仮説演繹法とは大きく異なるものだ。より広く行われている方法は、既存のモデルでは説明できていないように思われる特別な規則性や出来事に応答してモデルを構築するというものだ——例えば、銀行が企業に貸し出しを行う際に、高金利を課す代わりに、資金供給量を制限するという、一見したところ理に適っていない行動が挙げられる。研究者は、このような「常軌を逸した」出来事について、よりうまく説明することのできる新しいモデルを開発している。

*トマス・クーンの『科学革命の構造』(Chicago: University of Chicago Press, 1962) 以来、自然科学でも理想化された型に適合するのかどうかを問うことが当たり前になっている。クーンは、科学者たちは「パラダイム」と呼ばれるものの中で仕事をしており、たとえそれを覆す事実が存在しているときでさえもそれを捨てたくないと考えるものだと指摘した。私が経済学について指摘したいのは別のことだ。経済学とは、(古いものが新しい

ものに置き換えられるという意味で）「垂直的に」進化するのではなく、（モデルが増殖するという意味で）「水平的に」進化する科学である。

信用割当の場合、説得力のある説明としてデフォルト・リスクの存在が挙げられている。金利をある一定の臨界値以上に引き上げると、借り手はますます危険な事業に望みをかけることになるかもしれない。なぜなら、損失には下限があるからだ。有限責任のおかげで、借り手は、自らが保有する売却可能な資産を超える金額を貸し手に譲渡することを強制されることがない。[14] その結果生まれたモデルは、第一原理から演繹されたものとして提示されたのかもしれない。とにかく、このようなやり方が経済学の科学的手法として認められた見解となっている。しかし実際には、このようなモデルを生み出す思考方法には帰納的な要素が多く含まれている。そして、モデルは特定の経験的事実を説明するために具体的に考案されたものであるため、同様な現実に直面した場合にそれを直接検証することができない。言い換えると、信用割当の存在は、それ自身が最初に理論を構築する動機になったものであるため、その理論を検証するために用いることができないのだ。

さらに、演繹的な仮説検証アプローチに正しく従ったものでさえ、経済学者が生み出した研究の多くは、厳密に言うと実際に検証可能ではない。これまで見てきたように、経済学の分野は矛盾した結論を生み出すモデルにあふれている。しかし、経済学者の扱うモデルの中で、専門家にきっぱりと否定されて明らかに誤ったものとして捨て去られたものはほとんどない。多くの学術活動が、様々なモデルに対して実証的な支持を与えることを目的として行われている。しかし、これらの作業は概ね当てになるものではなく、結論がその後の実証分析によって弱められる（覆される）ことが多い。その結果、専門家の人気を集めるモデルの変遷は、事実の存在そのものよりも、一時的なブームや流行、あるいは適切なモデル構築のやり方についての嗜好の変化によって起こる傾向にある。

専門家についての社会学は、この後の章で取り上げる。より根本的なのは、社会的現実は移ろいやすいために、経済学のモデルによる検証は本質的に困難であり、不可能でさえあるということだ。第一に、研究者が他の仮説の妥当性について明確な結論を導き出させるようなはっきりとした証拠を現実社会が提供してくれることは滅多にない。最も関心を集める問題——経済成長を引き起こすものは何か？　財政政策によって経済は活性化するのか？　現金給付によって貧困は削減されるのか？——は実験室で研究することはできない。一般的に、得られるデータには相互作用がごちゃごちゃ入り組んでいるため、探し求めている原因をはっきりと見つけることは難しい。計量経済学者が最善を尽くしているにもかかわらず、説得力のある因果関係を示す証拠を得ることはとても困難なのだ。

より一層大きな障害は、どんな状況にも有効な経済モデルを求めることは一切できないということだ。物理学においてさえ、不変的法則が多数あるのかどうかについて議論されている。[*]しかし、私が本書で何度も強調してきたように、経済学は別ものだ。経済学では、状況がすべてなのだ。ある状況において正しいことは、別の状況においても正しいものである必要はない。競争的な市場もあれば、そうでない市場もある。ある状況においてセカンド・ベストの理論による分析が求められていたとしても、他の状況では違うかもしれない。金融政策における時間非整合の問題に直面している政治制度もあれば、そうでないのもある。その他もろもろだ。例えば国有資産の民営化や輸入自由化について、全く同じ政策介入が異なる社会で実施されたとき、多くの場合その影響が大きく異なっていることが観察されるのは驚くべきことではない。知識豊富な経済学者は、異なる出来事を理解するために異なるモデルを適用させて済ませる。多数のモデルを当てにすることは、モデルの不適切さを示しているのではなく、社会生活における偶有性を反映している。

＊ここに物理学者スティーヴン・ワインバーグの言葉がある。「今日知られている物理法則に、まさしくどんな時にでも成立するというものはない（量子力学の一般法則は例外かもしれないが）。にもかかわらず、これらの法則の多くは、ある程度既知の状況においては成立するとされる最終形にたどりついている。今日マクスウェル方程式として知られている電気と磁気に関する公式は、もともとマクスウェルによって書き記された公式ではない。この公式は、マクスウェル後の様々な物理学者による何十年にもわたる研究を経て定着した公式なのだ。……この公式は、今日では限定された状況において近似的に成立するものとして理解されている。……このような形式と限定された状況の下で、この公式は百年もの間生き残ってきたし、今後も永遠に残るだろうと思われている。これこそが私の考える、われわれの知る他のすべてのものと同じくらい真実である何かに一致した物理法則なのだ。」 Weinberg, "Sokal's Hoax," *New York Review of Books* 43, no. 13 (August 8, 1996) : 11–15.

経済学においては、より良いモデルが悪いモデルに取って代わるという垂直的な形ではなく、これまで明らかにされていなかった社会的成果の一面について説明する新しいモデルが生まれるという水平的な形で知識の蓄積が行われている。実際、新しいモデルは古いものに取って代わるのではなく、いくつかの状況により関連した新しい一面を取り入れているのだ。

経済学の最も基本的な問いに対して、経済学者の理解がどのように発展していったのかを考えてみよう。その問いとは、市場は本当に機能するのか？ というものだ。当初は、多数の生産者と消費者が存在し、誰も市場価格に影響を与えることができないとされる完全競争市場に焦点が当てられた。市場経済が持つ根本的な効率性の特質が確立されたのは、このような競争的市場の状況においてであった。しかし、市場が不完全競争であるときや、単一の生産者に独占されているまたは二つの大企業によって支配されている場合に生じることを分析したものもまた、当初から存在していた。これらの市場における行動は、競争的市場におけるものと比べると大いに異なっていることはよく理解されていた。

本質的に単一の形式に到達する競争モデルと異なり、研究者の想像力の許す限り数多くの様々な不完全競争モデルが存在している。独占や複占に加えて、「独占的競争」（たくさんの企業がそれぞれ異なるブランドを持ち市場支配力を持つ）、ベルトラン競争とクールノー競争の比較（価格の設定のやり方に関する異なる仮定）、静学モデルと動学モデルの比較（参加する企業間で持続可能な共謀の度合いが異なる）、同時手番ゲームと逐次手番ゲームの比較（先行者利益が存在するかどうかに影響を与える）などなどがある。これらの点やその他の点についてどのような仮定を置くか次第で、不完全競争は途方に暮れるほど多くの可能性を生み出すことができることを、この数十年にわたって生み出されたモデルからわれわれは学んできた。さらに重要なことに、仮定が明らかにされているおかげで、これらの研究結果の一つひとつがどのような根拠に基づいているのかについても学んできた。

一九七〇年代になり、経済学者は市場に関する別の側面をモデル化し始めた。それは、情報の非対称性だ。これは実際の市場において重要な特徴を持っている。労働者は自らの能力について雇用者よりもよく理解している。借り手は自らがデフォルトするかどうかをわかっているが、貸し手はそれをわかっていない。中古車の買い手は自らが欠陥品を買おうとしているかどうかはわからないが、売り手はそれをわかっている。マイケル・スペンス、ジョセフ・スティグリッツとジョージ・アカロフの業績は、この種の市場において、シグナリング（すぐにはっきりとした利益をもたらさない行動に高コストの投資を行うこと）、割当（財やサービスの提供を、たとえ高価格を提示されても拒むこと）、そして株式市場における大暴落など、様々な顕著な特徴があることを示した。これら三人の経済学者は、この業績によって二〇〇一年にノーベル賞を共同受賞し、それから今日まで大量の研究を生み出した。その結果、情報の非対称性にあふれている金融市場や保険市場がどのように機能しているのかについて、より良く理解できるようになったのだ。*

＊ノーベル賞受賞式において、ジョージ・アカロフは、彼がその一翼を担った経済モデルの構築に関する変化について次のような言葉を残していた。「一九六〇年代当初、標準的なミクロ経済理論は、完全競争市場による一般均衡モデルに基づいたものが圧倒的に多かったが、一九九〇年代になると、このモデルに関する研究は、経済理論の単なる一分野となった。当時、経済理論における標準的な論文は、現在のものとは全く異なる様式であった。現在は、特定化された市場における特定の状況に適応するように経済モデルが作られている。この新しいやり方において、経済理論は、完全競争状態を表す単一のモデルからの逸脱を単に探るものではなく、考察下にある特別な問題に関連した現実に存在する顕著な特徴を説明するために仕様されている。完全競争モデルは、それ自身は興味深い特殊事例ではあるが、たくさんあるモデルの中の単なる一つとなっている。「『レモン』の市場」［アカロフがノーベル賞を受賞した研究］は、このような新しいやり方が採用され始めた頃の初期の論文だったので、その由来や変遷は当時経済学に起こった変化についての大きな物語となっているのだ。」Akerlof, "Writing the 'The Market for "Lemons"': A Personal and Interpretive Essay" (2001 Nobel Prize lecture), http://www.nobelprize.org/nobel_prizes/economic-sciences/laureates/2001/akerlof-article.html?utm_source=facebook&utm_medium=social&utm_campaign=facebook_page.

今日、経済学者は消費者が完全に合理的には行動していない市場にますます注目するようになっている。このような新しい動向は、経済学のモデル形成の手法と心理学の知見との統合を試みる行動経済学と呼ばれる新しい分野を生み出した。消費者が既存のモデルでは説明できないような行動——例えば、消費者が二ドル安くサッカーボールを売っている店には半マイル先まで歩いていくが、高級ステレオの購入で百ドル節約する場合には同じことをしないといったもの――を取る場合、この新しい枠組は大いに有望となる。経済主体の行動が、費用―便益を考慮した結果ではなく、社会的な行動規範や暗黙のルール――経験則――によって引き起こされる場合、これまでの標準的な結論の多くはもはや通用しなくなる。ほんの二つほど例を挙げると、サンク・コスト（すでに支払われており取り戻すことのできない費用）の非妥当性や金銭的コストと機会費用（実行されなかった選択肢がもたらす価値）の等価性は、完全には合理的でない場合には成立しない。

ひどく単純化されているものの、このような柔軟な考え方は、専門家が説明に用いるモデルの多様性を広げるという点で意義あるものとなるだろう。われわれは、競争モデルを乗り越えて、不完全競争、情報の非対称性、そして行動経済学へと前進していった。理想化された完璧な市場は、いろいろな面で誤りが存在する市場へと取って代わられていった。合理的行動は、心理学から得られた発見によって上書きされているところだ。一般的にこのような拡張は、既存のモデルとは矛盾しているように見える経験的観察から生じるものだ。例えば、なぜ多くの企業は自らの労働者に対して、明らかに同様な労働者が現在市場から得ている賃金よりもかなり高い賃金を支払っているのだろうか？[15] なぜ、保育園が子供たちを遅い時間に迎えに来る親に対して罰金を課したときのほうが、そうでないときよりもより多くの親がそうするようになるのだろうか？[*] これらの問いの一つひとつが、新しいモデルの出現を促している。

＊ これはイスラエルの保育園における経験から報告された有名なものだ（Uri Gneezy and Aldo Rustichini, "A Fine Is a Price," *Journal of Legal Studies* 29, no. 1 (January 2000) : 1–17）。著者たちはその結果について、罰金が導入されることによって、親たちが自らの決定を下す際の情報環境が、通常の合理性と多かれ少なかれ両立するよう

な形で修正された結果だと解釈している。ひとたび罰金が導入されはじめたときに起こる行動規範の変化に基づいた解釈は、サミュエル・ボウルズによって提示されている（"Machiavelli's Mistake: Why Good Laws Are No Substitute for Good Citizens" (unpublished book manuscript, 2014)）。

新しい世代のモデルは、古い世代のモデルを間違ったものだとか適切ではないとか指摘することはない。これらは、単に経済学の洞察が及ぶ範囲を拡大させただけなのだ。ありふれた完全競争市場モデルは、いまだに現実世界の多くの問題への回答を得るために欠かせないものであり続けている。ある状況――例えば、単純な消費財を繰り返し購入するような状況――では情報の非対称性を気にする必要はない。なぜなら、人々はその財の品質や耐久性のような特性について時間をかけて学んでいるからだ。そして、もし消費者の行動は常に経験則に従って行動し、合理性がその役割を果たすことがほとんどないと仮定すると大きな過ちを犯すことになるだろう。古いモデルはやはり役に立つのであり、われわれはそれらに新しいものを加えているのだ。

これは進歩だろうか？　そう、確かにそうだ。経済学者の市場に対する理解は、今日に至るまで洗練化され続けてきた。しかし、自然科学とは異なる種類の進歩を遂げている。水平的な拡張は、発見されるのを待っている一定の自然法則が存在していると仮定するのではなく、社会に起こり得ることを発見したり理解したりしようと努めているのだ。

イツァーク・ギルボアは共著者と共に、ルールに基づいた学習と事例に基づいた学習を区別する際に役に立つ類推法を提示している。[16]「専門家としての人生と同様に、日々の生活においても人々は予測、分類、診断、そして倫理的な判断や法的判断を行う際に、ルールに基づいた推測と事例に基づいた推測の両方を用いている。」ルールに基づいた推測は、個々の状況へ適用する際の正確性は若干損なわれるかもしれないが、大量の情報を整理する簡潔な方法をもたらす点で優れている。一方、事例に基づいた推測は、類似性のある他の事例を引っ張ってくることによる類推法を通じて行われる。関連データを簡潔なルールに押しこめようとすると、あまりにも多くの妥当性が失われる場合、事例に基づいた手法は特に役に立つ。ギルボアと共著者たちが記すように、「科学的知識を事例の収集と見なすこともできるのであるならば、経済学において進展した実践のいくつかはより理解できるようになる。」このような考え方からすると、経済学は有益な事例の収集を広げることによって進化するのだ。

モデルと実証的手法

モデルの多様性は経済学の強みだ。しかし、科学を自称している学問にとって、多様性の存在は問題があるとも見なされるかもしれない。すべての事柄について異なるモデルが存在するとは、いったいどのような科学なのだろうか？　ギルボアや共著者たちの分類でいう事例の収集を続けていくと、本当に科学と呼ばれる領域に達することができるのだろうか？

モデルにはそれを適切に用いることのできる環境に関する情報が含まれていることが頭に入っているのであれば、そのとおりだ。モデルは、どのような場合にそれを使うことができるのか、または使えそうにないのかをわれわれに教えてくれる。類推を続けると、経済モデルは明白な利用者マニュアル――どのようにそれを適用させればよいかに関する講師用資料――を備えた事例となる。なぜなら、モデルには重要な仮定や行動メカニズムがわかりやすく示されているからだ。

このことは、あらゆる状況下でも、少なくとも原則的には役に立つモデルとそうでないモデルを区別することができるということを意味している。例えば、パソコン業界には競争市場モデルと独占市場モデルのどちらを適用させるべきだろうか？　その答えは、潜在的な競合者を市場に参入することを妨げる大きな障壁――巨大なサンク・コストや反競争的な行為――が存在するか次第である。オランダ病や貿易転換効果といったセカンド・ベストの経済学が示すような複雑な状況を懸念すべきかどうかは、具体的に市場の不完全性――個々の場合について述べると、製造業がもたらす技術波及効果や第三国に対する貿易障壁といったもの――が存在して重要な役割を果たしているかどうかに大いにかかっている。実際、次の章で広く議論することになるが、このようなモデルを扱うプロセスにおいては、もっと多くのことが行われている。しかし、ある結果を生み出すためには特定の仮定を用いることがいかに必要であるのかをモデルが明らかにしているからこそ、モデルを状況に応じて選択することができるのである。モデルの多様性は何でもありということを意味しているのではなく、ある選択を行うために選択可能で必要とされる実証的手法のメニューが存在することを意味しているのだ。

私は、実証的検証がどんなときでも必ずうまく機能すると主張したいわけではない。しかし、決定的な実証データが得られないときでさえ、モデルは見解の相違の原因を明らかにするための筋の通った建設的な議論を可能にする。経済学では、政策論議を行う際には、あるモデルと別のモデルを競わせるのが普通だ。一般的に、モデルによる後ろ盾のない見解や政策的処方が支持を得ることはない。そして、いったんモデルが生み出されれば、両者が現実世界についてどのような仮定を置いているのかが、すべてはっきりするようになる。このことによって意見の不一致が解決することはないかもしれない。実際、それぞれが現実を解釈しようとする方法が違う場合には、両者の見解の相違は解決しないのが一般的だ。しかし、少なくとも、何について意見が合わないのかについて、両者が最終的に同意することは期待できるだろう。

経済学において、この種の議論は際限なく起こっている。例えば、再分配課税の影響に関する論争は、主に起業家の労働供給曲線の形状に集約されている。起業家精神が所得インセンティブにあまり反応しないと考える人たちは、起業家精神はインセンティブに対して過敏に反応すると信じている人たちより、増税に対してあまり心配することはない。おそらく、専門家たちの間で最も激しい議論を引き起こす話題は、不況期における財政金融政策の役割だろう。もし、総需要が抑制されているとあなたが信じているのであれば、積極的な財政金融政策に賛成するのが普通だろう。もし供給ショック——例えば、過剰に高い税金や政策の不確実性——に問題があると考えるなら、景気対策は全く異なるものとなるだろう。時には、実証的証拠が蓄積することによって、専門家がある一つのモデル体系を他のものよりも好んで用いることが圧倒的に多くなることもあるだろう。例えば、開発経済学で次のようなことが起こった。開発経済学では、一九六〇年代に貧農たちが多くの人々が思っていた以上に価格に対して大きく反応していることが明らかになってから、農民を無知なものとする仮定は捨て去られ、損得勘定をする農民のモデルが選ばれるようになった。*

*ノーベル賞受賞者であるセオドア・W・シュルツが、その先駆者であった。Schultz, *Transforming Traditional Agriculture* (New Haven, CT: Yale University Press, 1964).

かつて私がかかわった議論に、中低所得国における産業政策に焦点を当てたものがある。[17] その政策は、自給自足農業のような昔からある低生産性の活動から製造業のような近代的で生産的な産業への構造変化を促すように制定された低利融資や補助金といった政策だ。批評家たちは、昔からこれらの政策を「事前に勝者を選択しようとする」戦略——言い換えると骨折り損に終わる戦略——と呼んで嘲笑してきた。経済学の研究は、発展途上国経済を特徴づけるような状況の下では、このような政策は非常に強い合理性を持つことを、何年もかけて明らかにしてきた。市場と政府の両方の失敗に関連する様々な理由によって、市場の力だけに任せると近代的な企業や産業はより小さな規模となってしまうのだ。また、研究では、政府には事前に勝者を選択することなくはっきりとした構造変化を刺激する多くの方法——例えばベンチャー・キャピタル企業が行うように新産業に関するポートフォリオに投資すること——があることが示されている。とりわけ、様々なモデルによって、真の論争は産業政策や経済についてではなく、政府の質にあることが明らかにされた。政府が良き勢力となり効果的に介入することが時々にでもできるのであれば、ある種の産業政策を行うべきである。その代わり、政府が腐敗しきっているのであれば、産業政策によって事態はさらに悪くなるだろう。このような場合、経済学者が特別な専門知識を持たない領域——行政機関——に関する見解の相違をいかに押し進めたのかについて注意してほしい。

モデル、権威と上下関係

二人の著名な経済学者であるカーメン・ラインハートとケネス・ロゴフは、社会的影響の大きな政治的論争の題材となった論文を二〇一〇年に発表した。[18] その論文では、公的債務の水準がGDPの九十%を超えると経済成長に重大な悪影響がもたらされることが示されていると思われた。保守的な米国の政治家やEUの官僚たちは、現在行っている緊縮財政の要請を正当化するためにこの論文を取り上げた。ラインハートやロゴフは自らの研究結果に対してかなり慎重な解釈をしていたが、その論文は景気後退期にもかかわらず財政支出を削減している財政保守派の論拠に対する証拠物件Aとなった。

アマーストにあるマサチューセッツ大学で経済学を学ぶ大学院生のトーマス・ハーンドンは、当時大学で日常的に行われていた他の研究者の研究の再現とその論評を行っていた。彼はラインハート＝ロゴフのオリジナルの論文について、表計算ソフトの集計表における比較的小さな間違いに加えて、その結果の頑健性に対して疑問を投げかける分析手法があることをつきとめた。最も大事な点は、債務水準と成長との間に負の相関関係は存在しているのだが、九十％の閾値が存在しているという証拠が弱いものであると明らかにしたことにある。加えて他の多くの人々も指摘したように、相関関係自体、高水準の負債が低成長を招くというよりもその逆である可能性がある。ハーンドンがマサチューセッツ大学教授のマイケル・アッシュとロバート・ポーリンとの共著で批判を発表すると、大論争が巻き起こった。[19]

九十％の閾値は政治的非難にさらされていたため、その後の反発もまた広範な政治的意図を伴うものとなった。ラインハートとロゴフは、たとえ故意でなかったとしても政治的詐欺の計略に進んで参加したという評論家の論難に、精力的な反論を行った。自らの実証的手法を弁護し、自分たちは批判者が言うような緊縮財政派ではないと主張したのである。このような反論にもかかわらず、彼らは現実にそれを支持する証拠の乏しかった一連の政策に対して、学問的な口実を与えたとして非難された。

ラインハート＝ロゴフの分析に関する論争は、現実として経済学研究の精査や改善にとって有益な過程とは何かという問題に影を落とした。ラインハートとロゴフは、表計算ソフトの集計表上の間違いをすぐに認めた。対立点は、データの性質、分析の際に用いた制約条件、そして別の手法を用いることによってその結果がいかに変わるのかということだった。結局、ラインハートとロゴフは、実証的証拠が示していたこと、あるいはその政治的意味合いが何だったのかについて、その批判者たちとそれほど対立していなかったのかもしれない。彼らは九十％という厳密な閾値の存在を必ずしも信じ込んでいたわけではなかったし、高水準の債務と低成長との相関関係についても異なる解釈があり得ることについても同意した。このエピソードについて希望があるとすれば、経済学は科学のルールに従って進歩することができるということが明らかにされたことだ。政治的見解がいかにかけ離れたものであっても、両者は実証的証拠を構成するものについて共通の言語と——多くの部分について——その違いを解決する共通手法を持っているのだ。

この騒動は、世界的に著名な二人のハーバード大教授が、知名度が低くかつ経済学部と異なる学部の大学院生に辱められた事件としてメディアで頻繁に取り上げられた。このことは大げさに誇張され過ぎている。しかし、この論争は経済学の重要な側面——学問として他の科学と共有しているもの——をまさに示すことになった。結局、一連の研究の地位を決めるものは、著者の党派、身分やネットワークではなく、それが学問自体における研究水準に首尾よく到達しているかどうかなのだ。研究業績の重みは、研究者の出自やコネやイデオロギーではなく、その研究自体の性質——いかにうまく組み立てられているのか、いかに実証的証拠に説得力があるのか——によって得られるのだ。そして、これらの基準が専門家間で共有されているので、誰でも粗悪な研究を指摘し、それを粗悪だと言うことができるのだ。[*]

＊このような検証に適う論証と実証的証拠の水準を持つ社会科学とそうでないものとの違いについては、Jon Elster, *Explaining Social Behavior: More Nuts and Bolts for the Social Sciences* (Cambridge: Cambridge University Press, 2007) の特に pp.455-67 を参照のこと。経済学についての全く違った解釈については、Marion Fourcade, Etienne Ollion, and Yann Algan, *The Superiority of Economists, MaxPo Discussion Paper* 14/3 (Paris: Max Planck Sciences Po Center on Coping with Instability in Market Societies, 2014) で示されている。これらの著者は、その分野の最上級の学部においで実践されている厳格な統治様式として、その分野内で大学の上下関係に関する合意が形成されていると

解釈している。多くの自然科学の分野と同様に、優れた研究を形成するものに関する規範の共有は、この合意について同様に説得力のある説明を与えている。

このことは、他の多くの社会科学や人文学の分野ではそれがいかに異常であるのかということを考慮に入れないと、特に強い印象をもたらさないかもしれない。* それら他分野では、経済学でしばしば起こるような、大学院生が年長者の研究者の研究に対して異議を唱えることによって大いに恩恵を得ることなどは、本当にまれなことであろう。しかし、モデルを用いることによって間違いをはっきりと強調することができるために、経済学では誰でもそれができるのだ。

＊有名ないたずらに、物理学者のアラン・ソーカルが、量子重力がいかにして「自由主義的なポストモダン科学」を生み出しうるのかを示した論文を、カルチュラル・スタディーズの主要論文誌に投稿したことがある。その論文は、当時人気のあったカルチュラル・スタディーズの学界における複雑な議論様式のパロディであったが、エディターによってすぐに掲載された。ソーカルは、投稿の意図は、その論文誌が「無意味なことをふんだんにふるまった」論文を掲載するかどうかによって、この学界の知的水準を試すことにあったと公言した。(Sokal, "A Physicist Experiments with Cultural Studies," April 15, 1996, http://www.physics.nyu.edu/sokal/lingua_franca_v4.pdf.)

このような学問的見解に関する外見上の民主主義には、有益でない別の側面もある。経済学者は言語と手法を共有しているために、非経済学者による見解を軽視もしくは非難する傾向にある。経済学の討論に関わるルールに従う気がないと――あなたのモデルは何か？　実証的証拠はどこにあるのか？　と聞くだけで――経済学への批判が真剣に取り上げられることはない。学会の正式メンバーだけが、経済論戦の正統な参加者と見なされているからだ。経済学が内部からの批判には過敏に反応し、外部からの批判には過剰に攻撃的になるという逆説が生まれるのもそのためである。

間違い対間違ってさえいないこと

オーストリア生まれのスイスの物理学者で、量子物理学の先駆者であるヴォルフガング・パウリは、優秀かつ切れ味鋭い知性の持ち主で有名だった。彼がまだ若く無名の学生だったとき、討論会で「いいかい、アインシュタイン氏が言ったことはそれほど馬鹿げたことじゃないんだよ」と言ってアインシュタインのコメントを支持したことがあった。パウリは、科学を装いながら粗雑に論じられており検証することができない議論に対しては、特に厳しく批判した。若手の物理学者がそのような研究を持ってくると、彼は「これは間違ってさえない」と返答した。[20]

おそらくパウリが意図したのは、明白で首尾一貫した議論がなされていない業績を批判することは不可能だということだったのだろう。仮定、因果関係やその関連性があいまいだと想定された貢献に対して――あらゆる環境においても――反駁することができなくなる。「間違ってさえない」というのは、普通に考えると学問的努力に対して破滅的なコメントと言ってもよい。延々と対話を続けた結果、このような見解を告げられた場合でも、私はこういうことは有り得ることだと証言できる。私の意見が明らかに偏っていることは別として――そして経済学者でない同僚には申し訳ないが――この種の不明瞭さは他の学問と比べて経済学では格段に少ない。

私が経済学に対して求める科学的地位は格段に高いものではない。それは、十九世紀初めにフランスの哲学者オーギュスト・コントが最初に明示した、論理と実証的証拠を組み合わせることによって社会生活の本質についてかつてないほど高い確証が生み出されるという実証主義的な理想とはかけ離れたものである。[*] 経済学における命題の普遍性と検証可能性は共に限定されたものである。経済学は単なる訓練された直観――論理によって明らかにされ、説得力のある実証的証拠によって強化された直観――でしかない。アインシュタインはかつて「科学のすべては、日々考えていることを改善することに他ならない」と言った。[21] 経済学者のモデルは、せいぜいそのような改善を提供するものであって、それ以上のものではない。

＊実際、経済学に対する私の解釈は、実証主義者のものよりも認識論におけるプラグマティストの伝統に近い。

第三章　モデルを舵取りする

経済学を科学にするのはモデルである。世界はどのように動いているのか。どうすればより良いものになり得るのか。モデルによってその理解が深まった時、経済学は有用な科学となる。説明や選択——特殊な前提に関連、または有益であるように見えるモデルを選び、残りを捨て去る——の手段となるモデルを明らかにすること。さらに重要なのは、モデルの選別をどうやって実践するのかだ。これが本章の主題である。最初に警告しておきたい。以上の方法は、科学というより専門家としての技芸に関わっている。優れた判断力と経験が不可欠であり、ある程度までしか訓練できない。おそらくそのためであろう、経済学の大学院ではこうした技芸にほとんど注意を払っていない。

博士号を取ったばかりの大学院修了者は、たくさんのモデルが記された目録を持っているが、どのモデルを選択すべきかについて正規の訓練を受けていない。コースワークも、宿題も、問題集もない。彼らが学んだモデルはいつも最新で、その分野の研究の最も最近の世代の興味を反映している。大学院の修了者が、その道で必須のスキルを身につけた良き応用経済学者になるには、職業生活を通じて政策問題や課題に向き合っていかなければならない。しかし不運なことに、この分野でほとんど経験のないメンバーに、自分たちが学んだことを本や論文の形でわざわざ体系化してくれる有能な実務家はほとんどいない。

モデル選択の問題は、経済学がどんな種類の科学かをめぐる経済学者の公式の見解に、ちょっとした反省を迫る。すでに論じたように、経済学は既存のモデルを改善し、仮説を検証することで進歩していくというのは部分的な真実でしかない。モデルは、真に普遍的なモデルに到達するまで洗練され続ける。検証に失敗した仮説は無視され、検証にパスしたものが残る。そのような考え方だと、経済学者はいつも複数のモデルを頭の中に持っておく必要があるとか、経済学者は特殊な前提と適用できるモデルを結びつけた地図を作るべきだという考え方が成り立つ余地が小さい。

モデルの図書館を拡張するのが経済学者の仕事のすべてなら――つまり、経済学者が純粋な理論家でしかないのなら――経済学者はさして有害ではない。しかし大抵の経済学者は、もっと実践的な事柄に関与している。具体的に言うと、経済学者は二つの関連した問題に興味を持っている。世界は現実にどのように動いているのか、どうすればその状態をより良いものにできるか、の二つだ。経済学者の仕事が、公共の討論で注意を引きつける時、世間は実践的な関与も期待している。二番目の問いに答えるには、しばしば一番目の問いの答えが要求される。実証的な分析と規範的な分析――それぞれが何であり、何であるべきかの探究――は深く結びついている。経済学者の用語では、二つの問いはこのように言いかえられる。根本にあるモデル（the underlying model）は何であろうか？

私は、モデルはあらゆる現実の側面を正確に記述したものでは決してない、と強調しておいた。デイヴィッド・コランダーとローランド・クーパーズが述べるように、「科学のモデルが提供するのは、最善の場合でも、半面の真実でしかない。」だから経済学者が「根本のモデルは何か」と尋ねる時、分析の俎上に載った市場や地域、国家を最高度に表現してくれるものを探していない。そうした表現を発展させようとしても、完全にはほど遠く、ゆえに使い物にならないのだ。彼らが探しているのは、現実に働いている主要な因果メカニズムや経路を明らかにするモデルである。このモデルは、何が起きているのかについて最善の説明を提供し、われわれの行動の結果を予期する最善のチャンスをもたらしてくれる。

　あなたの車に問題が発生し、故障の原因は何で、どうすれば修理できるかを見つけ出したいと思ったとしよう。故障箇所に突き当たる望みをかけて、車の全体を一つひとつの部品に分解することもできる。ただ、これでは単に時間を無駄にするというだけでなく、ほとんどの場合、解決には至らないだろう。結局のところ、車は一つのシステムだからだ。問題は、異なった構成要素がお互いにどのように連関し、また連関していないのかにあるのであって、一つひとつの構成要素がどうなっているかにはない。車の下位システム——ブレーキや変速機など——を診断して、そこから故障の原因を探ることもできる。故障の兆候を幅広く診断することもできる。車が壊れる直前に何が起きたのか、エンジンを点火したときに車がどう反応したのか。その他にも、自動車修理会社が日常的に行うソフトウェアに基づいた診断がたくさんある。それらを実践すれば、問題の原因は明らかになる。例えば、冷却システムやエンジンの点火システムだ。ここでようやく、修理を必要とする下位システムに焦点を当てることができる。

　自動車のすべての部品は、変速機、冷却、エンジンの点火装置と、どれも走るために必要である。なので、それらすべてが自動車の走行にとっての「原因」と言うことができる。しかし、故障を説明する支配的なメカニズムは、それらのうちたった一つだ。残りは、今ある問題にとって、さしあたり偶発的な事柄でしかない。自動車のより複雑で現実的なモデル——言うなれば、ホルヘ・ボルヘスの有名な世界地図のようなフルサイズで動くレプリカ——は大した助けにならない。助けになるのは、何に注目すべきかを知ることだ。同様に「正しい」経済モデルは、重要な関係を取り出すことで、すべての物事が進行する中での真の原因が何であるかをわれわれに理解させてくれる。そして、正しいモデルにたどり着く方法は、自動車の診断法とそれほど大きな違いはない。

成長戦略の診断法

私が、診断法についてなるほどと思う瞬間を味わったのは、途上国政府の経済問題に助言をしていたときだった。助言した国は様々だ――南アフリカからエルサルバドルまで、ウルグアイからエチオピアまで。しかしどの場合でも、同僚や私は同じ中心問題に直面した。経済成長を促進し、社会のあらゆる階層の所得、とりわけ恵まれない集団の所得を引き上げるには、政府はどんな種類の政策を取るべきか。

たいていの場合、改革の提案に不足はない。

・ある分析者は、技術水準や訓練、その国の人的資本の向上に焦点を当てる。
・別の分析者はマクロ経済政策に焦点を当て、金融・財政政策を強化するやり方を推奨する。
・ある者は、貿易や対内投資を促進すべく経済を開放する必要があると考える。
・別の者は、法人税が高すぎるか、ビジネスをする上でのコストが掛かり過ぎだと言う。
・ある者は、経済を再構成し、新しい、生産性の高い産業を育成するための産業政策を推奨する。
・別の者は、汚職問題に取り組み、所有権を強化すべきだと助言する。
・ある者は、もっとインフラに投資せよと結論づける。

最近まで、世界銀行のような国際機関は、しばしばこれらすべての推奨を文章に投げ入れて、一丁上がりとしてきた。われわれは一つの成長戦略を持っているというわけである。一九九〇年代になると、政策担当者はこのようなやり方ではうまくいかないと認識するようになった。発展政策に対する長々としたリストは、実行に移すチャンスのない不可能な野心的アジェンダを政府に押しつけているのだ。政府は意図した改革のほとんどを実行するのに、避けがたく失敗した。彼らが従っていたのは、必ずしも最重要のものではなかったため、経済の反応は熱意のないままだった。一方で、外部の助言者は、途上国政府の「改革の遅れ」や「改革疲れ」を指摘することで、降りかかる批判を避けようとした。[2]

同僚と私は、もっと戦略的なアプローチを推奨した。改革の幅を狭くして優先順位を付けるというアプローチだ。政府がわずかな経済成長の見返りに膨大な政治資源を無駄にするのを避けるには、改革の標的を大きく漠然としたものから絞らなければならない。しかし上に挙げた長いリストのうち、どの改革が目的にかなうのだろうか？

答えは、どの成長モデルを選ぶかによる。われわれのうちのある部分は、「新古典派モデル」の視点で成長を見ている。物的・人的資本の供給要因や、それが直面する障害を強調するモデルだ。別の部分は、「内生的」成長モデルを好む。そこでは、成長は新技術投資によって駆動されるので、市場競争やイノベーションの環境を誘導しなければならない。所有権や契約に関わる制度の質を重視するモデルもある。「二重経済」モデルは構造的移行、農業などの伝統的な経済活動から近代的企業や産業への移行の条件に注目する。それらのモデルの一つひとつは、問題の異なった入り口と、異なった優先順位の組み合わせを強調している。

異なった政策が異なったモデルから導かれていることが明らかになれば、議論はいっそう明確になる。今やわれわれは、それらがどこから来ているのかを理解することができる。より重要なのは、それぞれのモデルを証拠と突き合わせることで、違いを狭めることができるということだ。あれこれのモデルが真実であるかを、どうやって確かめたらよいのか？——つまり、成長の背後にある最も重要なメカニズムをどの前提から捉えたらいいのか。異なった含意を持つ二つのモデルを選ぶには、どんな種類の証拠があればよいのか。われわれには、無作為抽出をかけたり実験室で実験を重ねたりして、必要なデータが揃うのを待つだけの余裕はなかった。現実の時間の中で、証拠を片手にそれを行わなければならなかったのだ。

最終的にわれわれは、複数の潜在的モデルを舵取りするのを助けるディシジョン・ツリー（分岐図）の開発に行き着いた。[3]このツリーは、次の頁で示された略図のような形を取っている。われわれは、ツリーのてっぺんからスタートする。投資を制約しているのは、主として供給サイドなのか、需要サイドなのか。言いかえると、投資が停滞しているのは供給が不適切だからか、収益が見込めないからなのか？　もし供給サイドに制約があるのなら、次にその原因が貯蓄の不足にあるのか、金融システムが有効に機能していないせいなのかを考える。需要サイドに問題があるのなら、低収益が市場の失敗のせいなのか、政府の失敗のせいなのかを問う。もし、原因が政府の失敗にあるのなら、それは税率が高すぎるせいなのか、腐敗によるのか、政策が不安定だからなのか？　などと続く。

ディシジョン・ツリーのそれぞれの結節点で、われわれを異なった経路へと進ませるモデルのうちどちらを選択するかを判断するのに必要な、略式の検証が行われる。例えば、新古典派の成長モデルで指摘されているように、ある経済の主要な問題が資本の供給不足にある場合は、借入コストが投資に見合わず高すぎるのだろう。資本調達のコストを引き下げることで、強い投資の反応を引き出すことができるはずである。さらに、外国からの所得移転の増加、例えば、労働者の本国への送金や対外援助なども、国内の投資ブームに火を付ける。最も資本集約的であるか、最も借入に依存している部門が、最も低い成長率となっているはずである。このモデルの含意は、問題となる経済の観察された

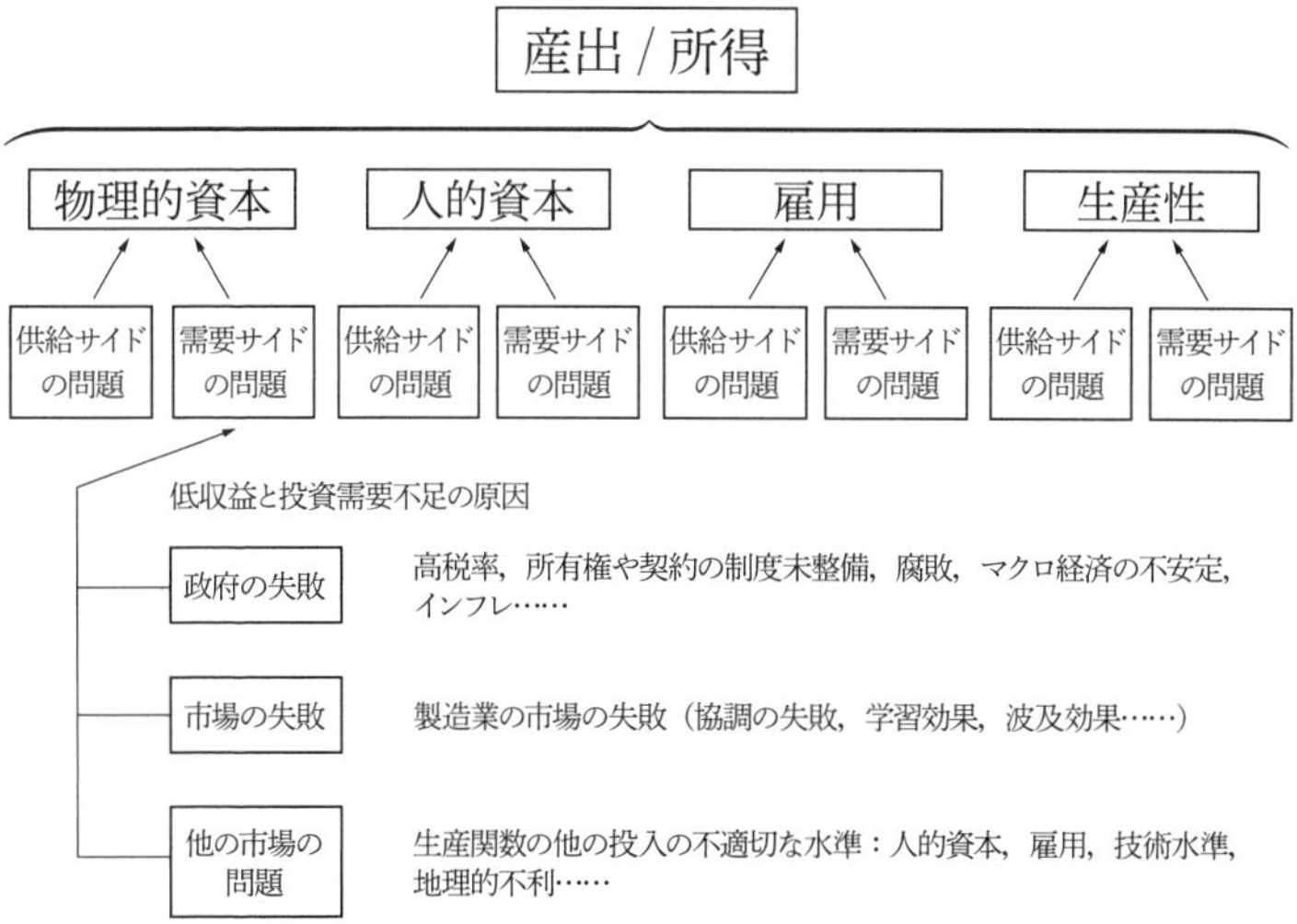

成長モデルから成長診断法へ。出典：Dani Rodrik, “Diagnostics before Prescription,” *Journal of Economic Perspectives* 24, no. 3（Summer 2010）：33-44. ただし、ここに示したのは全体のごく一部である。

動向とマッチしているだろうか？ イエスなら、「根本的なモデルは何か」の答えは、新古典派成長モデルの一つのバージョンとなるだろう。

他方で、投資需要によって経済が制約されている場合は、民間投資は財市場の収益性の変動にまずは反応するはずである。例えば、起業家が景気の崩壊に直面している場合は、彼らの第一の関心は、投資が収益を保てるかどうかである。ファンドの利用可能性は、彼らの行動にそれほど違いをもたらさないだろう。労働者の本国への送金や海外からの資本流入が殺到しても、投資より消費のブームが生まれるだけである（これが図表で示した場合だ。）この場合も、観察された現実と合っているかどうかがチェックされなければならない。[4]

利用可能な証拠がこうした問いに完全に決着をつけるのがほとんど稀な場合で

も、失敗の長いカタログを大幅に短いリストに縮めることは往々にして可能だった。南アフリカのケースでは、われわれは政策担当者が囚われていた慣習的な原因のいくつかをかなり早めに取り除くことができた。技術の不足、貧弱な統治、マクロ経済的不安定、劣悪なインフラ、低い貿易開放度などの原因だ。経済の最近の動向は、それらのどれもが主たる制約要因ではないという結論を支持していた。モデルベースのアプローチはわれわれに、部分均衡ではなく広く経済全体で考える(つまり一般均衡)ように強いた。例えば、経営者は熟練労働者を見つけるのが困難なことに不平を漏らしていたため、多くの観察者は熟練度の不足が主たる障害だと信じていた。しかしこの結論は、経済の最も急速に拡張している部分が、実際は熟練労働集約的な部分、例えば金融であるという事実と矛盾していた。全体としての経済を押さえ込んでいるものが何であれ、熟練度の欠如ではなかった。診断結果は、それよりも、いくつかの重要な問題領域を明らかにした――特に、未熟練労働の高いコストと、大半の製造業に競争力が欠如していたのだ[5]。

診断分析が優れているのは、一つのモデルをすべての国に適用すると仮定しない点だ。われわれが中米のエルサルバドルで働いた時は、近代的産業の分野での市場の失敗のモデルが国家の災厄をよりよく説明してくれた。低調な投資と成長は、資金の不適切な分配や、貧弱な制度や政策、低い熟練度、高コストな労働、その他の要因によっては説明できなかった。例えば、エルサルバドルの経済は海外に住む労働者からの大量の送金を受けており、信用格付のおかげで国際資本市場へのいいアクセスを持っていた。そのため問題は投資の供給サイドにはなかった。低調な投資はむしろ、経済のより近代的で生産的な部分で企業がスタートする時に直面する困難さの産物であるように見えた。こうした困難さのうちいくつかは、第一章で議論したタイプの、蔓延する協調の失敗から起きていた。例えば、パイナップルの缶詰工場はアメリカ市場への頻繁な空輸なしには十分な利益をあげられない。しかし運輸会社はパイナップル缶詰会社のような輸出会社がたくさん存在しないと採算が取れない。他の問題は、新規事業のコストや市場についての情報が不十分だったことにあった。新規参入を呼び起こす価値あるシグナルを提供してくれる先行企業が不在だったため、である。われわれの政策提言はこれらの特殊な問題領域に焦点を当てたものになった。[6]

診断法アプローチは、根本的なモデルがある国で時間を通じて同じであるとも想定していない。状況が変われば、異なったモデルがより適切になる。事実、もし最初の診断が正しく、政府が効果的に問題に対処しても、根本モデルは必然的に転換するだろう。例えば、近代産業における市場の失敗が克服された時には、インフラ制約（例えば港やエネルギー）がもっと深刻になるかもしれない。あるいは、技能の不足がもっと支配的な障害になるかもしれない。モデル選択はダイナミックな過程であり、一度きりのものではないのだ。

モデル選択の一般原理

さて、成長診断法の事例から立ち戻ろう。経験はいくつかの一般的なルールと実践に焦点を当てるのを助けている。鍵となるスキルは、候補となるモデルと現実世界の間を行きつ戻りつすることのできる能力である。これを「検証（verification）」と呼ぶことにしよう。モデル選択の過程は、四つの検証戦略の組み合わせに依拠している。

一　モデルの重要な仮定が、問題の前提をうまく反映しているかの検証。
二　モデルのメカニズムが実際に機能しているかの検証。

三　モデルの直接の含意の裏付けの検証。
四　モデルが副産物として生み出す偶発的な含意が、観察された結果と一致しているかの検証。

重要な仮定を検証する

すでに論じたように、モデルの実証的な妥当性にとって大事になるのは、重要な仮定の現実性である。それらの仮定を、他のもっと現実に近い仮定に置き換えると全く違う結果が生み出される。多くの仮定は、この意味で無害であろう。他の仮定はそのモデルが答えるいくつかのタイプの疑問にとって重大であるが、別のモデルにとってはそうではないからだ。

高い原油価格に関心を持つ政府が価格に上限を設定する場合を考えてみよう。この問題に答えるには、原油市場がどの程度働いているかについての見解——一つのモデル——が必要である。話を単純にするために、われわれの関心を二つの競合するモデルに限定しよう。競争モデルと独占モデルだ。競争モデルの擁護者は高い価格を需要に対して供給が過小であることの結果と見なす。このモデルではプライスキャップ（価格上限規制）——石油会社は上限を超えて価格を設定できない——は全く効果を上げないだろう。それは消費者の石油需要量と生産者の供給量にずれを作り出す。そうすると、配給や行列など、ずれを埋める方法が出てくる。石油の市場価格は、実際、総供給が下落するにつれて上昇しやすくなる。ある者は石油を行列の先頭や割り当てられた配給において安い価格で手に入れるが、他の者は高い値段を払わなければならない。これではお世辞にもいい政策とは言えない。

独占モデルの擁護者は高価格が石油産業がカルテルを結んだ結果だと考える。このモデルでは市場への供給を絞ることで人為的な不足を作り出している。価格をつり上げ、産業の利益を増やすためだ。

プライスキャップは、このモデルでは違った結果を生み出す。価格に上限が導入されるや否や、企業はもはや販売量を変えることで市場価格を決定できなくなる。彼らは今や、価格の受容者として行動する。言い換えると、彼らは競争モデルが描く企業のように振る舞うようになる。[*]プライスキャップの設定が低すぎるのでなければ、総供給は増え、市場価格は下落する。カルテルは崩壊し、プライスキャップはトラストの退治策として効果的なものになる。

＊私はここで、カルテルが作用することによるメカニズムのいくつかの問題を無視し、カルテルを単一の独占であるかのように単純に仮定している。

これらのモデルが世界を記述する際の重要な仮定と重要でない仮定とはどんなものか？　第一に、二つのモデルは産業の供給サイド――石油産業がどのように振る舞うか――についてのものだ。それゆえ、われわれは消費者についての仮定、消費者がいかに選択するかという仮定を脇におくことができる。彼らが完全に合理的であり、完全な情報を持ち、所得や選好が多様で、長期の時間軸を持っているかどうかには全く注意を払っていない。需要サイドに対する唯一の重要な仮定は、右下がりの需要曲線、すなわち原油価格が上昇すると原油消費量が減るというもので、他はすべて一定のままである。この前提は、きわめて広い状況の下でも説得力があるもので、実証的にも検証できる。これら脇においた争点は、別の状況では重要なものになりうる――例えば、原油税の分配的効果を議論する時――が、この事例で二つの競合するモデルのうち一つを選択する上での助けにはならない。第二の仮定は、どちらも価格の設定行動以外の戦略的次元は考慮に入れていないというものだ。そのためわれわれは企業が雇用や広告の戦略を採ることを明示的にも暗黙にも無視している。

ここでの真に重要な仮定は、ある場合には企業は価格支配力を持ち、別の場合には持たないというものだ。独占的モデルでは、企業は供給を減らすことで価格をつり上げようとしているし、競争的モデルではそうした望みを持っていない。その意味で、これは企業の心理学についての仮定である。われわれは経営者の頭の中に入り込んで、彼らが現実に何を考えているかを明らかにすることができない。彼らにピンポイントの質問をしても、利害関係があるので、信頼できる回答は得られないだろう。しかし、われわれは信念の特殊な組み合わせがより説得的であるかどうかを知るのに、すでに知れ渡っている条件を調べることができる。

当該産業内の企業数や規模の分布は重要な役割を果たす。もし数が多ければ、支配的な企業は存在しないし、企業が非競争的に行動する能力や意思を持つことはありそうにない。新規企業の参入の容易さは、他の重要な想定である。ごく限られた企業が空間を占有している場合でさえ、新しい競争者の脅威は市場支配力の発揮を抑止する。その上、石油産業はナショナルというよりグローバルだ。外国の生産者との競争は、仮に輸入量が少なくても、市場規律の十分な源泉となる。最後に、消費者が石油と他のエネルギー源を容易に代替できるほど、石油企業は市場支配力を発揮できなくなる。これらの要因のそれぞれが、原則的には観察できるし測ることもできる。実際、国家のアンチトラスト当局は、企業が市場支配力を持っている（または悪用している）かどうかについて、日常的にある種の診断を行っている。

モデルには、しばしば重要だが述べられていない仮定が存在する。それらの仮定を注意深く調べるのに失敗すると、実践においてひどい問題が生じることになる。経済学者と政策担当者はこのことを、一九八〇年代から九〇年代にかけての行き過ぎた市場自由化のつらい経験から学んでいる。価格を自由化し市場の制約を取り除くことは、多くの人々の考えでは、市場を働きやすくし資源を効率的に配分するはずだった。しかし市場経済のすべてのモデルは、様々な社会的、法的、そして政治的な制度の存在を前提にしている。所有権と契約は強制されるはずで、公正な競争は保証されており、窃盗や強奪は妨げられ、司法はしっかり運営されている。それらの制度的な支えが存在しないか弱いところでは、発展途上国の多くがそうなのだが、市場を完全に自由にすると期待された結果が得られないだけでなく、火事のような状態になる。例えば、ソ連崩壊後に行われた国有企業の民営化は、効率的な市場を作り出すより、しばしばインサイダーや政治の取り巻き連中を肥え太らせることになった。市場の効率性の背後にある重要な仮定が、先進市場経済は市場をサポートする強い制度をすでに持っているという事実によって見えなくなっていた。西洋の経済学者はそれらを当たり前だと思っていたのだ。

途上国やポスト社会主義経済が失望するパフォーマンスに終わったことで盲点が明らかになると、実践家はいつものやり方で反応した。制度の重要性を強調した新しい一群のモデルを開発するという方法だ。これは、古い洞察の再発見だった。自由競争を円滑に進める上で政府の役割を強調したのはアダム・スミスその人だった。ダグラス・ノースのような経済史家は、イギリスが経済大国として勃興した背景に、所有権の発達があると長いこと指摘していた。[7] これらのアイデアを形式化し、拡張することで、経済学者は経済的な成果がいかに現在の、多様な制度の状態に依存しているかを理解するようになった。これらのモデルのおかげで、制度が経済発展に果たす重要な役割が目立つ場所に戻ってきたのである。

メカニズムを検証する

モデルは仮定を因果のメカニズムと組み合わせることで結論を生み出す。石油産業の例では、企業の供給と市場価格の間の関係が、重要なメカニズムである。産業が供給を制限すると、市場価格は上がるし、供給が増えると市場価格は下がる。このモデルは、世界がどのように働いているかについての仮定ではないことに注意しよう。それらは、モデルの含意として導かれるのだ。産業の供給と市場価格の間の関係は仮定ではなく、需要曲線が右下がりであるとか需要量と供給量が一致する点で市場価格が決まるなどの仮定から導かれる結果である。

石油の事例では、これは全く当たり障りのないメカニズムであり、検証テストを楽にパスできる。供給量と市場価格の関係は直観的にも明らかであり、仮説が示すように、供給へのショックが価格に観察できる結果をもたらした事例は現実世界に山のようにある。一九七三年から七四年までのオイルショックを考えてみればいい。モデルが依拠するメカニズムが妥当すると信じるのに、われわれは需要曲線を観察する必要はないし、市場均衡についての技術的な定義が何であるか——両方の抽象概念は物理的な対応物を持っていない——を知る必要もない。しかし他の事例だと、メカニズムはより複雑な振る舞いを帰結するし、より多くの正当化を必要とする。正当化が弱いと、われわれは問題となるモデルを本当に適用してよいものか、心配しなければならなくなる。

オランダ病モデルを再び考えてみたい。これは天然資源の発見が、独自の経路を伝って、いかに経済的パフォーマンスを傷つけるかを説明するものだ。資源ブームの結果として、国の為替レートは増価し製造業の収益性は低下する。製造業は経済全体に及ぶ技術変化（経済学者の用語では「正の波及効果」）の大本と考えられているので、製造業の打撃は広範な損失を引き起こす。実質為替レートと製造業部門の健全さは、ここでは重要だ。もし、オランダ病モデルを資源が豊かな国で起きたことの理解に適用するなら、われわれは製造業部門の地位が悪化しているかどうかを確認してみる必要がある。もし、現実世界の証拠がモデルの示すメカニズムを支持しないのなら、モデルは現実に起きていることの良きガイドにはなり得ない。われわれは資源ブームがなぜ悪いニュースとなりうるのかを説明する他の代替的なモデルに向かわなければならないだろう。例えば、資源収入が競合するエリート間の争いを誘導し、内部衝突や不安定を引き起こすというモデルである。因果メカニズムは今や全く異なっているが、検証の議題としては残る。

直接的含意を検証する

多くのモデルは、普通に観察できる現象を説明するために構築される。意図的に、直接的な含意は現実と一貫している。他方で、専門家の好む建材を用いて、第一原理から組み立てられている。それらは数学的にエレガントで、今日風の広く行き渡ったモデル構築のしきたりにもよく合致しているものもある。しかし、それがモデルを有用にするわけではない。結論が現実とほとんど関係を持たない場合には、特にそうである。

マクロ経済学者はこの問題にぶつかりやすい。この数十年、彼らは、洗練された数学ツールを用いて、完全に合理的で無限に生きる個人が不確実性下で複雑な動的最適化問題を解くという前提に立ったマクロモデルの発展に心血を注いできた。専門用語で言うところの「ミクロ的基礎」を持ったモデルである。そこでは、マクロ次元での含意は自明のものとして仮定されず、個々人の行動から派生する。これは原則的にはいいことだ。例えば、集計的な貯蓄行動は代表的家計が生涯にわたる（個人間の）予算制約をもとに消費を最大化する、最適化問題から派生する。* 反対にケインジアンのモデルは、近道をして、貯蓄と国民所得の関係は固定的だと仮定している。

＊「リアルビジネスサイクル（ＲＢＣ）」の初期の例に以下のものがある。Finn E. Kydland and Edward C. Prescott, "Time to Build and Aggregate Fluctuations," *Econometrica* 50, no. 6（1982）：1345–70.

しかしながら、これらのモデルはマクロ経済学の古典的な問題にわずかな光しか投げかけなかった。なぜ経済的な好況と不況があるのか？　何が失業を引き起こすのか？　財政・金融政策は経済の安定化にどんな役割を果たすのか？　それらのモデルを扱いやすいものにするには、経済学者は現実世界の多くの重要な部分を無視しなければならない。特に、彼らは労働、資本、財市場における不完全性や摩擦を想定から外した。経済の好不況は、技術や消費者の選好に生じる、外生的で曖昧な「ショック」として記述された。失業は仕事を見つけられないから発生するのではない。余暇と労働の間の最適なトレードオフを示しているというのだ。これらのモデルがインフレや成長といったマクロ経済学の主要な変数の予測にほとんど役立たなかったとしても驚くべきではないだろう。[8]

経済が調子よく進み、失業率が低くとどまる限り、これらの欠点はそれほど明白ではなかった。しかしそれらの失敗は、二〇〇八〜〇九年の金融危機後には明白で犠牲の大きなものになった。それらの最新式のモデルは、危機後の景気後退の甚大さと長期化を単純に予測できなかった。それらは、少なく見積もっても、金融市場の不完全性について、もっと現実に立脚すべきだった。伝統的なケインジアンのモデルは、ミクロ的基礎を欠いているにもかかわらず、経済がいかに高失業の状態から抜け出せないのかを説明できるし、かつてなく今日的な意義を帯びているように見える。新しいモデルの推奨者はそれを諦めるのを渋っている——そのモデルが現実を跡づけるよい仕事をしたからではなく、それらがモデルはかくあるべきと思われているものであるという理由で、だ。彼らのモデル構築戦略は結論の現実性に勝っている。

経済学者の特殊なモデル構築のしきたりに対する愛着——合理的で将来を予想できる《フォワードルッキング》個人、よく機能する市場など——はしばしば、彼らの周囲にある世界との間の疑う余地のない摩擦を見過ごさせる。イェール大学のゲーム理論家のバリー・ネイルバフは大抵の経済学者よりも鋭い判断力の持ち主だが、そんな彼でさえ面倒を起こしている。ネイルバフや他のゲーム理論家がある日の深夜、イスラエルでタクシーに乗っていた。運転手はメーターを倒さず、本来メーターが示すよりも降りる時には安い料金でいいと約束した。ネイルバフと同僚たちは運転手を信用する理由がなかった。しかし彼らはゲーム理論家で、以下のような推論をした。彼らが目的地に着けば、運転手は交渉力をほとんど持たず、乗客が喜んで払うのとちょうど同じ額を受け入れるはずだ。彼らは、運転手の申し出はよい取引で、うまくいくと踏んだのである。目的地に着くと、運転手は二千五百シケルを要求した。ネイルバフは拒否し、代わりに二千二百シケルを申し出た。ネイルバフが交渉を試みる間、激怒した運転手は車のドアをロックし、乗客を中に閉じ込め、危険なほど速いスピードで彼らが乗車した地点まで車を走らせた。彼らを縁石に叩き出し、こう叫んだのである。「二千二百シケルで行ける距離がどれくらいか分かっただろう。[9]」

　結局明らかになったのは、標準的なゲーム理論は、現実に起きたこととの貧弱なガイドにしかならないということだ。少しの帰納があれば、ネイルバフと彼の同僚は、最初から、現実世界の人々は理論家のモデルが前提とする合理的なオートマトンのようには振る舞わないと認識できたはずだ！

　今となっては、彼らが同じ計算間違いをするとは思えない。実験の成果は共有され、ゲーム理論家は彼らの標準的な予測のどこが間違っていたかをよりよく理解している。「最後通牒ゲーム」を考えてみよう。そこでの計算はタクシーの経験を思い起こさせる。二人のプレイヤーが百ドルをどう分けるかで合意する必要がある。一方はどう分けるかを申し出、他方はそれを受け入れるか拒否する。もし受け入れ側が承諾すると、双方が合意した額を受け取る。拒否すると、両方が何も受け取れない。両方のプレイヤーが「合理的」であれば、最初のプレイヤーは百ドルのほとんどすべてを自分自身で取り、もう一方にはほとんどわずか（例えばたった一ドル）しか渡さないと申し出る。受け取り側は合意するはずだ。というのも、わずかな額でも何もないよりはマシだからだ。現実は、もちろん、ゲームの遊びとは全く違う。大抵の人は、三十ドルから五十ドルの幅で申し出を行い、それ以下になると普通は相手に拒否される。標準的なゲーム理論はこのゲームを予測する力をほとんど持たない。これは、なぜ経済学者が異なったタイプのモデルを渡り歩くかの一つの理由である。行動経済学の最近の研究は、公正さを考慮に入れることで、最後通牒ゲームと類似する現実生活の前提に適用しやすくなっている。

人間、大抵は大学生を被験者として行われる実験は、心理学では長いことおなじみである。彼らの探究のおかげで、経済学は何が人間の行動を、物質的な自己利益以外の、例えば利他主義や互酬や信頼が動かしているかについて多くを学んできた。競争のモデルと市場は、その結果がいつもそれらの実験によって破られるので、捨てられるか洗練されている。しかし多くの経済学者は実験室の実験の価値について懐疑的なままだ。なぜならそれらが、人工的な条件の下で起きたことだからである。加えて、彼らが議論するには、実験で使用される被験者への金銭的報酬が少ないため、大学生は大きな人口の代表にはならない。

経済学者が最近取り組みはじめている実験の一つのタイプ――フィールド実験――は、原則的には、そうした批判を免れている。これらの実験の典型は、経済学者が現地組織と協力して人や地域社会を「処置群《トリートメント・グループ》」と「統制群《コントロール・グループ》」に無作為に振り分け、（処置群を動機付ける）特定のモデルによる予測通りに現実生活の結果の違いが出るかを観察するものだ。そうした実験の最初期の一つは、一九九七年に実施されたメキシコの反貧困プログラムで、これは「はじめに」でも紹介した。プログラム――最初はプログレサと呼ばれ、後にオポルトゥニダデスと変更された――は今日の条件付き現金給付政策の嚆矢であった。貧困家庭は、子供を学校に通わせ続け、定期的に医療検査を受診させるかぎり、所得支援を受ける。この政策の設計と実施に貢献した経済学者のサンティアゴ・レヴィが述べているように、目的はよりよい結果を達成するために単純な経済学の原理を応用することにある。[10]直接的現金給付はすでに実施されていた食料補助金より貧困者の救済に効果的でありうる。そして給付に条件の要素を付けると、教育や健康の増進が期待される。

プログラムは国全体で行われたのだが、段階的に進められた。そのため、レヴィはこの政策の効果の明白な検証に着手できることに気づいた。最初の段階でプログラムに参加した地域社会を無作為に選び出すことで、彼は処置群と統制群の集団を分離した。二つの集団の結果の違いは、プログレサの効果に起因するはずである。その後の評価で明らかになったのは、プログレサは貧困線を下回る人々の数を十%減らし、高校に通う少年少女をそれぞれ八%、十四%増やした。若い子供達の病気発症率は十二%低下した。[11] これらのポジティブな結果を見ると、プログラムの設計が妥当であり、ブラジルからフィリピンまで、他の国の政府も同様の条件付き現金移転プログラムを設けるべきだと考えたくなる。

プログレサの実験以後、無作為のフィールド実験はこの分野を席捲している。幅広い社会政策が、本質的に同じ手法を用いて評価されている。ケニアの殺虫効果のある蚊帳の無料配布から、パキスタンの両親向けの学校評価報告カードに至るまで、幅広い。それらの実験の一つひとつは、本質的に根本的な経済モデルの検証である。ケニアの場合、蚊帳を使うのを嫌がることに小さな価格の逆インセンティブを付ける効果のモデルだ。パキスタンでは、学校に関する詳しい情報で権限を得た両親が学校のパフォーマンスを改善する役割についてのモデルである。それらは重要な制約が正しく識別されたときの想像力に富んだ解決の力強いインパクトを示している。

例えば、テッド・ミゲルとマイケル・クレマーは、ケニアの子供達への比較的安い害虫駆除措置が学校出席率や、ついには賃金にも実質的な便益を生み出したことを見出した。[12] イースター・ダルホ、レマ・ハンナとステファン・ライアンは教室に定点カメラを置いて、教師の行動を記録したことで、インドの地方で教師の欠席を二十一％減らしたことを発見している。[13] ネガティブな結果もある。今までのフィールド実験によると、マイクロファイナンス——典型としては女性や女性集団に少額融資を提供する——は貧困削減に目立った効果がない。[14] この結果は、開発政策の研究者達の誇大宣伝とは鋭い対比をなす。これは、金融アクセスの欠如が、貧困家計が直面する最重要の制約だと提案するモデルに冷や水を浴びせている。

ＭＩＴ、イェール、ＵＣバークレーは政策を評価しモデルを検証するフィールド実験を運営する主な中心地だ。フィールド実験の明らかな欠点は、それらが経済学の中心問題の多くにほとんど関係していないということにある。例えば財政政策や為替レート政策の役割といったマクロ経済学の大問題を検証するのに、経済実験がどの程度役立つのかを知るのは難しい。そして、例のごとく、実験の結果は注意深く解釈されなければならない。というのも、それらの結果は他の前提条件の下では適用できないかもしれないからだ——外的妥当性のいつもの問題である。

経済学者はしばしば、モデルの含意をいわゆる自然実験によって裏付けられるかどうかを検証する。これらの実験は研究者による無作為抽出に依拠するのではなく、研究者とは関係のない思いがけない環境に依拠している。経済学の世界のこうした実験の最初のものの一つは、ＭＩＴの経済学者ジョシュア・アングリストの、軍務経験が、退役後の労働市場で稼ぐ能力にどの程度の効果をもたらすかを実験した論文だ。軍隊に参加することを選択した人間が、そうしなかった人と生得的に違うかもしれないという問題を避けるために、アングリストはベトナム戦争期に行われた、抽選方式の徴兵制度に注目した。彼の発見は、一九七〇年代初期に勤務した人は、軍務を経験しなかった人に比べると十年間で十五％も稼ぎが少なかったと分かった、というものだった。[15]

コロンビア大学の経済学者ドナルド・デイヴィスとデイヴィッド・ウェインスタインは、第二次大戦期のアメリカ軍による日本の都市爆撃に注目し、都市の成長を二つのモデルで検証した。一つのモデルは規模の経済（都市の密度が上がるほど生産費用が低下する）に根ざしたもので、もう一つは地理的優位性（天然の港へのアクセスなど）に根ざしたものだった。爆撃は明らかに無作為ではないにせよ、激しく破壊された都市が抑鬱にあるままなのか、元の状態に戻っているのかを検証する自然な方法を作り出した。規模の経済に基づくモデルは、規模が急激に縮小した後は回復せず、地理的優位性モデルはそうではないと予測した。デイヴィスとウェインスタインは、後者のモデルに基づいて、ほとんどの日本の都市が十年半以内に戦前の規模に戻ったことを見出した。[16]

経済学は、異なったモデルの直接の含意が現実世界を追認しているかどうかを検証するのに、日常的で逸話的なものから、洗練された定量的なものまで、幅広い範囲の戦略を採る。実験的方法は、問題への適用に十分近い状況をもたらしてくれる限り、信頼できる検証手段を提供する。しかし、多くの政策問題はかれらを実験に向かわせないし、リアルタイムでの回答を要求するので、フィールド実験に時間を費やす時間を許さない。これらの事例では、常識を組み合わせて鋭く観察する以外の方法はない。

偶発的な含意を検証する

モデルを動かすことの重要な利点は、直観的な観察や初発の動機を越えた広い範囲の含意が得られることである。これらの追加的な含意は、モデルの間で舵取りすることに追加的な効果を提供してくれる。それらは経済学者を後ろ向きの帰納から、演繹的分析に導いてくれるし、モデル選択を大いに助けてくれる。

一九九〇年代半ば、私は経済学の世界でほとんど注意が向けられていない、ある経験的な規則性を探究していた。より国際貿易にさらされるほど、政府部門は大きくなる。この事実は、イェール大学の政治学者デイヴィッド・キャメロンによって最初に見出された。キャメロンが用いたのは、経済協力開発機構（ＯＥＣＤ）諸国についてのデータ群であった。[17] 私の研究が示すところでは、この見解は潜在的には世界中のすべての国々（必要な統計がある国であれば、だが）に拡張できた。問題はなぜかということだった。キャメロンの仮説は、公共的支出はバッファーだというものだった。そうしなければ外国で発生したショックに支配されるかもしれない社会保険の原資となり、経済の安定剤となる。証拠が示す相関関係は、確かにこの説明と一致していた。

帰納についてはそれくらいにしておこう。しかし仮説はもう一歩先に進められるべきだ。つまり、追加的な含意は現実世界に対して何をもたらすかを問うことである。ここへきて、演繹の段階がやってくる。キャメロンの想定が真実だとしても、その時公的部門の規模は、貿易への依存度ではなく、経済変動に対して反応しているように見えた。この含意は一つの特別な、より洗練された仮説、データに掛けてみるべき仮説を生み出した。私が実証的検証を行ったところ、対外的な交易条件（世界市場の輸出入価格）によって生み出されるボラティリティの効果に注目してみると、結果は共同歩調をとった。私は、リスクへの補償モデルを大いに前に進めることができたのだ。[18]

同僚と私は、この種類のアプローチをわれわれの成長診断モデルにも大量に使用した。われわれは体系的に仮説とは別の含意を探し、それらが現実と合っているかどうかを調べた。第一に、経済の見通しが、ある分野においてボトルネック〔隘路〕にさしかかると、関連した資源の相対価格は比較的高くなるはずだ。物理的資本の不足（つまり、工場や設備）は、高い利子率となって現れるだろう。技能不足は労働市場における高い熟練労働者への割増賃金となって現れるはずだ。インフラ制約は電力不足や交通渋滞を引き起こすはず、などである。第二に、短期的な供給における資源の利用可能性への変化は、経済活動に特殊で広範な反応を引き起こす。資本が制約された経済における投資は、外国で働く労働者からの送金や外国資本の流入に大きく刺激される。同様の流入は、収益が制約された経済では、投資以上に消費を刺激するだろう。

第三に、深刻なボトルネックは、企業と家計にその制約を迂回する投資をさせるはずである。もし電力供給が不足すると、われわれは民間の発電会社への大量の需要を予測するべきだ。もし巨大企業への規制が行き過ぎれば、われわれは企業が小さいままでいる戦略を採ると予測する。貨幣的不安定性が最重要問題であれば、日々の取引や金融取引は外国通貨にシフトする（「ドル化」）だろう。最後に、企業は供給不足の資源への依存度を相対的に引き下げることでよりよいものになろうとするだろう。ハーバードでのかつての同僚だったリカード・ハウスマンはこう指摘するのを好んだ。砂漠にラクダがいてカバがいないのは明らかだ。一方は水に住み、もう一方はそんなに水を必要としない。* 同様に、南アフリカのような経済で技能集約的な企業がうまくいくのは、未熟練労働者の賃金がかなり高いからなのだ。

＊ Hausmann, Klinger, and Wagner, Doing Growth Diagnostics in Practice. ここでは「診断シグナル」の要約に大きく依拠している。

外的妥当性ふたたび

究極的には、モデル選択は実験室やフィールド実験における外的妥当性のようなものではない。われわれは、一つの前提（モデル）において機能するアイデアを持っている。問題は、それが他の前提（現実世界）でも働くのかどうかだ。モデルの外的妥当性は、それらが適用される前提に依拠している。ひとたびわれわれが、モデルの普遍性を主張するのを諦め、偶有性を受け入れると、われわれは実証的妥当性を回復する。

外的妥当性は、科学的に答えられる問題ではなく、これまで見てきたように、想像的で実証的な方法が役に立つ。コツは類比的な推論だ。ロバート・スグデンが述べるように、「モデルの世界と現実世界のギャップは、帰納的推論によって架橋される……［そしてそのことは］「類似性」「顕著性」「信頼性」に対する主観的判断に依存する。[19]」われわれは「類似性」のような概念を形式的か量的な観点で表現することを想像してしまうが、この形式化は多くの文脈では役に立たない。モデルを有益なものにするためには、避けがたく技芸の要素が必要となる。

第四章　モデルと理論

読者の中には、私がこれまで「理論」という言葉を使うことをなるべく避けてきたことに気付いた人がいるかもしれない。「モデル」と「理論」は同じ意味で用いられることがあり、とりわけ経済学者にそのような傾向があるのだが、これら二つの言葉は同じものと考えないほうがよい。「理論」という言葉には野心的な響きがある。一般的な定義では、理論とは、ある事実や現象を説明するために述べられる一連の考えや仮説のことを指す。理論の中には、実験や検証によって推定されたものもあれば、単なる主張に留まっているものもある。例として、物理学における一般相対性理論とひも理論の二つを取り上げよう。アインシュタインの理論は、その後の実験研究によって完全に裏付けられたものと考えられている。その後に発展したひも理論は、すべての力と粒子の統一を目指した物理学の理論だが、それを支持する実験結果はまだ乏しい。自然淘汰に基づくダーウィンの進化論は、その正しさを示唆する証拠が数多く存在するが、種が進化するまでにかかる時間の長さを考えると、進化論を直接実験によって証明することは不可能である。

自然科学分野におけるこれらの例のように、理論には全般的かつ普遍的な妥当性があるものと考えられている。北半球でも南半球でも――そして異星人の生命にさえも――同じ進化論が適用されるということだ。しかし、経済学のモデルは違う。経済学のモデルは、状況によって変わるものであり、ほぼ無限の多様性がある。経済学のモデルは、せいぜい部分的な解釈を与えるものであり、特定の相互作用のメカニズムや因果関係の経路を明らかにするために設計された抽象概念を主張するに過ぎない。これらの思考実験では、潜在的に存在しうる他の要因を分析の枠組から外すことによって、限定された要因がもたらす影響を隔離し識別しなければならない。そのため、多くの要因が同時に作用しているような場合は、経済学のモデルでは、現実世界で起こっている現象を完全に解明するにはいたらない。

モデルと理論について、両者の違いと重なり合う部分を理解するため、まずは次の三種類の問題を区別しておきたい。

第一に、AがXに及ぼす影響とはどのようなものかという、「何」を問う問題がある。例えば、最低賃金の上昇が雇用に及ぼす影響はどのようなものか？　資本流入が一国の経済成長率に及ぼす影響はどのようなものか？　政府支出の増加がインフレに対してどのような影響をもたらすのか？　などがある。これまで見てきたように、経済学のモデルは、これらの問いに対してもっともらしい因果関係の経路を説明し、それらの経路が特定の状況にいかに依存しているのかを明らかにすることによって、その答えを提示する。たとえ適切なモデルが存在していると十分確信することができたとしても、これらの問いに答えることは将来の予想を行うことではないことに注意しなければならない。現実の世界では、分析している効果と並行して多くの事柄が変化している。最低賃金の上昇が雇用を減少させると予想することは正しいことかもしれないが、現実の世界では、その予想とは関係なく雇用者が従業員への給与支払いを増やすような全般的な需要の増加が混在しているかもしれない。このような分析は、経済学のモデルに適した分野である。

第二に、観察された事実の組み合わせや事実の進展への説明を求める、「なぜ」を問う問題がある。なぜ産業革命は起こったのか？　なぜ一九七〇年代以降に米国内の格差は拡大したのか？　なぜ二〇〇八年の世界金融危機は起こったのか？　それぞれの事例について、われわれは回答を提供すると主張する理論――それは経済学の理論に限ったものではない――を思い浮かべることができる。しかし、これらは普遍的な理論であるというよりも、具体的な理論である。その目的は、特定の歴史的な逸話に光を当てるものであり、一般的な法則や傾向を示すものではない。

この場合でも、分析者がそのような理論を構築するのは困難を極める。経済学のモデルは、特有の要因がもたらす帰結を精査するものであり、統計学者のアンドリュー・ゲルマンが「順方向の因果」とよぶ問題に答えるものである。しかし、事実が生じた後で何かを説明するには、可能性のあるすべての原因を精査しなければならない。もう一度ゲルマンの用語に戻ると、これは「逆方向の因果推論」の問題であり、調査している事実を説明する特定のモデルやモデルの組み合わせを探す必要が出てくる。そこには、モデル選択や前章で見たタイプの分析が含まれる。[1] 後に見るように、そのような理論を構築するためには、具体的なモデルが重要な投入要素となる。

最後に、経済学や社会科学には、時代を問わない大きな問題がある。ある社会で所得分配を決定する要因とは何か？　資本主義は安定的な経済システムなのか？　それとも不安定なシステムなのか？　社会に協力や信頼が生じる理由とは何か？　それが社会によって異なるのはなぜか？　これらの問題は、あらゆる領域で適用される一般理論《グランド・セオリー》の領域にある問題である。この問題への優れた回答は、過去の事実を説明するだけでなく、未来への道標も与えてくれる。そういう面では、これらの理論は、自然界の物理法則の類似物を、社会を対象に構築するものだ。現代経済学は、このような大きな問題に対して取り組んでいないと批判されることがよくある。現代のカール・マルクスやアダム・スミスは一体どこにいるのか？　いるとしたら、それなりにまともな大学の終身在職権ぐらいは得ているのだろうか？　実にまっとうな批判ではある。一方、これに対する筋の通った反論として、社会科学において普遍的な理論を構築することは不可能であり、せいぜいそれぞれの状況に応じた解釈を見つけ出すことくらいしかできないというものがある。

経済学には確かに一般理論《ジェネラル・セオリー》がある——それは市場を基盤とする社会を動かすものを説明することができるという野心的な主張をする特別なモデルである。これから見ていくように、それらのモデルは偉大なる解明の元になり得るものだ。しかし、経済学の一般理論は、経験された偶発的出来事に関する足がかりでしかないと、私は論じたい。これらのモデルは、現実を説明する唯一無二の枠組ではなく、われわれの思考を体系づける方法である。モデル自体が実際の世界に対して本当に影響力を及ぼすことはほとんどない。これらのモデルが役立つものになるためには、あまたの状況に応じて考察された分析と結合される必要がある。

そこで、経済に起こった特定の変化を説明しようとする中間的な理論に目を向けようと思う。そのために、具体的な問題に焦点を当てる。一九七〇年代以降、アメリカで格差が拡大したのはなぜなのか、についてだ。この問題について、様々なモデルの貢献を相対的に評価し、たとえ包括的で幅広く合意された理論が生み出されなくても、その過程でいくつかの知見が生み出されることを示したい。

価値と分配の理論

経済学における最も根本的な問題は、何が価値を生み出すのか、ということかもしれない。これは経済学者にとって、市場経済における様々な財やサービスの価格を説明するものは何か、と言うに等しい。経済学における「価値の理論」は、本質的には価格形成の理論である。もし、現代の読者にとってこの質問が根本的なもの——あるいは特別興味深いもの——とは思えないのであれば、その理由は経済理論の発展で、読者を混乱させる様々なものが取り除かれたからである。

アダム・スミス、デイヴィッド・リカードやカール・マルクスのような古典派経済学者は、生産費が価値を決定するという見解で一致していた。ある製品の生産費が高ければ、その製品の価格は高くなるに違いない。同様に、生産費は、対象となる製品の生産活動に直接従事する労働者や、生産活動に用いられる機械の生産に従事するという形で間接的にその製品の生産に関わっていた労働者への賃金支払いを反映していると考えられていた。これは「労働価値説」と呼ばれ、フランスの重農主義者が主張していたような、土地を本源的な価値の源泉と見なす過去の理論と区別されるようになった。

しかし、労働が価値を生み出すということと賃金水準について説明することとは、まるっきり別のことだ。そのことについて、古典派経済学者はかなり悲観的な見解を持つ傾向にあった。彼らは、賃金は衣食を得て家族を守れるくらいのぎりぎり生計が成り立つ水準に低迷するだろうと考えていた。もし仮に、賃金がその水準よりもはるかに高い水準に上昇した場合、その結果――より多くの子供が生き残れるようになるため――人口と労働力が増加し、最終的に賃金は元の「自然な」水準へと下落することになるだろう。そのため、供給量が固定化されている土地の所有者が、経済発展や技術進歩の主要な受益者となる。十九世紀のエッセイストであるトマス・カーライルが、経済学は「陰鬱な科学」であるという有名な言葉を残したのは、特にトマス・マルサスに代表されるこのような考え方だった。

マルクスは二十世紀までその影響力を保ち続けることになるが、彼もまた労働価値説を支持していた。他の学者たちと同様、賃金は抑制されていると信じていたのだ。ただしマルクスの理論だと犯人は、労働者を搾取し「産業予備軍」の存在を通じて労働者たちを規律づける経営を行う資本家である。マルクスの考えによると、資本家は労働者の努力の成果から剰余価値を搾取している。これは割の合わないピュロスの勝利〔損が大きく得るものの少ない勝利〕であり、資本家間の競争によって最終的に利潤率は押し下げられ、資本主義体制は全般的な危機に直面することになると、マルクスは考えた。

労働価値説では、生産者側に価格決定の責任を負わせており、消費者についてはほとんど述べられていなかった。しかし、これまで述べてきた構図において需要サイドは何らかの役割を果たすことはなかったのだろうか。価格は消費者の選好やその変化にも反応するはずではないか。古典派のアプローチは長期に焦点を当てていた。そのため、相対価格の短期的な変動やその決定については、ほとんど言及されていなかったのだ。

価格決定における供給側と需要側の完全な統合は、十九世紀後半の「限界」革命で実現した。ウィリアム・スタンレー・ジェヴォンズ、レオン・ワルラス、オイゲン・フォン・ベーム＝バヴェルク、アルフレッド・マーシャル、クヌート・ヴィクセルやジョン・ベイツ・クラークら限界主義の経済学者は、分析の視点を一歩前進させた。賃金や地代などの観察できる数量から、「消費者の効用」や「生産関数」のような、観察のできない仮説化された数学的構造に向かったのだ。同時に、労働と資本といった生産活動への異なる投入物の間の代替性を考慮することで、古典派のアプローチをさらに一般化した。おかげで、賃金や機械の価格の変化に伴って、企業がどのように労働から機械へと生産手段を転換させるのかも分析できるようになった。数学の明示的な利用によって、異なる市場における価格、費用や数量を、消費者の選好と生産技術の状態（及びそれらの相互作用）から同時に決定できるようになったのだ。

限界主義者は、現在の価格理論の主要な知見――すなわち、価格は限界水準において決定されるという知見――を確立した。例えば、原油の市場価格を決定するのは、平均的な生産費用や消費者による評価ではなく、販売されている原油の最後の一単位分の費用や評価である。市場均衡では、最後の一単位分（限界一単位分）の生産費用と消費者による評価は――お互いに市場価格の水準で――ちょうど等しくなっている。そうでなければ市場は均衡状態になく、均衡状態に戻るための調整が起こるだろう。市場価格が最後の一単位分の消費者の評価を上回る場合、消費者はその財の購入を切り詰める。市場価格がそれを下回る場合は、消費者はその財をより多く購入する。同様に、市場価格が最後の一単位分の生産費用を上回る場合、企業は生産を拡大し、下回る場合には、企業は生産を減少させるのだ。

限界主義者は、供給曲線と需要曲線が、それぞれ生産者の限界費用と消費者の限界価値そのものを表していることを発見した。市場価格は、これら二つの曲線が交差するところで決定される。この場合、モノの価格が生産費用かあるいは消費者の得る便益のどちらによって決まるのかという問いの答えは、両方――の限界水準――であるということになる。

価格決定に関する限界主義者の手法は、生産費用についても同様に適用される。労働者の収入（賃金）は労働の限界生産性、資本家の収入（資本レント）は資本の限界生産性――それぞれ、最後の一単位の労働者と資本が加えられることによる企業の産出の増加分――によって決定される。このとき、生産は規模の収穫一定の下で行われ、資本と労働の投入量を二倍にすると産出量も二倍になると仮定されている。この仮定の下では、労働、資本やその他の投入物それぞれに対して限界生産物に見合う支払いを行うことによって、生産活動によって生み出された所得が生産に貢献した投入物すべてに分配されることが、数学を用いて証明されている。言い換えると、今やわれわれは、価格理論に加えて分配――誰が何を得るのか――の理論を持つことになったのだ。

この理論は、国民所得が労働と資本の間でどのように分配されているかを示してくれる。また、労働者をタイプに応じてさらに区別する場合、高校中退、高卒、そして大卒といった様々な種類の技能を持った労働者の間での所得分配についても理解することが可能になっている。これは所得の機能的分配とよばれるものだ。さらに、このことと資本家のタイプと人数を結合することによって、個人や家計への所得分配——個人的分配——もまた導出することができる。

この理論はどれほど役に立つものなのだろうか。一見すると、新古典派総合は、価値を生み出すものは何かと、価値の分配を決定するものは何かという、経済学の二つの根本問題に対する実質的な答えを提示しているように見える。これらの理論は、多くのことを明らかにしてきた。特に、生産と消費と価格がシステムとしてすべて同時決定されるということが、今では理解されるようになった。そして、所得の機能的分配に関するもっともらしい説明を得ることになった。しかし、これらの理論は、観察することのできない概念——限界効用、限界費用、限界生産物——を基にして成り立っている。そのため、これらの概念を計測や説明に使用できるようにするためには、追加的な仮定やさらなる論理の構築が必要となる。その上、これらの理論は普遍的に当てはまるものではない。後の研究では、これらの理論は、理論の中で規定されている論理的世界の中でさえ、成立するかどうかは特殊な前提に依存することが明らかにされている。

価値理論の基盤となる供給—需要の枠組に重大な注意点があることは、すでに述べた。完全競争の条件は実在していないかもしれないし、市場は少数の生産者によって占有されているかもしれない。消費者は全く合理的ではない行動をとっているかもしれない。規模の経済の下で生産が行われ限界費用が生産量に対して逓減するために、標準的な右上がりの供給曲線にとって必要な限界費用逓増と矛盾してしまうかもしれない。いずれにせよ、「生産関数」や「効用」の概念はどこから生じるのであろうか。企業ごとに利用可能な技術を入手し、採用し、使用する能力が異なることは明らかである。消費者の選好が固定化されていることはめったにない。彼らの選好の一部は、経済や社会で実際に起こっていることによって形成される。このような特殊なブラックボックスを開けることは、いまだ完全に解決されていない新たな理論的課題を生み出している。
新古典派の分配理論も、固有の欠陥を持っている。まず、統一された生産要素としての「資本」概念の一貫性と計測可能性に関しては、学界で大きな論争の的となってきた。しかし、そのような難しい問題は置いておこう。賃金のみに注目した場合、労働賃金の動向は限界生産力説に従っているのだろうか?
その答えは、問題設定の仕方と状況次第である。世界の国々を見渡すと、各国の賃金水準の違いの八十~九十%は、国全体の労働生産性の差によって説明される。われわれは限界生産性を直接観察することはできない。測ることができるのはせいぜい平均労働生産性(GDPを雇用量で割ったもの)ぐらいだ。しかし、平均値と限界値の関係性が国によってあまり違わない限り、国家間の賃金と平均労働生産性との強固な関係は、限界理論を支持しているものと解釈できる。このことは取るに足らないことではない。このことによって、例えば、バングラデシュやエチオピアの賃金が米国に比べてはるかに低い水準にしかない理由の大部分は、これらの国々の労働生産性が非常に低い水準でしかないことにある——つまり、労働搾取や抑圧的な制度が原因ではない——と結論付けることが可能になる。制度は重要であるが、直接的には、労働と資本間の所得分配に関する国家間の違いのほんのわずかな割合しか説明できないようだ。[2]
しかし、二〇〇〇年以降アメリカで起こってきたことを見てみよう。二〇〇〇年から二〇一一年間に平均実質賃金は年率約一%成長し、一時間当たり約三十二ドルから三十五ドル(二〇一一年価格で評価)に上昇した。その一方で、労働生産性は同期間に年率一・九%で成長しており、賃金の成長率のほぼ倍になっている。このような差の一部は、アメリカの労働者が消費する財の価格が、彼らが生産する財以上に急速に上昇しているという事実からきている。そのため、労働者の購買力は生産性ほど急激に上昇しなかった——このことは手の込んだことをしなくても標準的な理論の範疇で説明が可能だ。しかしながら、このような相対価格効果は、実質賃金と労働生産性の差のほんの四分の一しか説明していない。残り四分の三はいまだ謎のままだ。*

＊Lawrence Mishel, *The Wedges between Productivity and Median Compensation Growth*, Issue Brief 330 (Washington, DC: Economic Policy Institute, 2012). ミシェルは賃金の中央値に焦点を当てているが、給与格差が拡大したために、その値は平均賃金と比べてかなりゆっくりとしか上昇していなかった。

厳密に新古典派の分配理論の範疇内で議論を続けると、この期間に労働の産出に対する限界貢献が急激に低下していることを指摘しておかなければならない。犯人候補の一つは、新技術が労働に取って代わるように、機械やその他の種類の資本の使用が増えていることだ。実際に、過去十年以上にわたる賃金上昇率の弱さを読み解く時、多くの経済学者がこの議論を展開している。しかし、これと同じ結果は、新古典派の範疇外の事柄——労使交渉、職場の規範や最低賃金のような政策——の変化によっても起こり得るかもしれない。新古典派理論は、直接観察することのできない要素技術（「生産関数」）の数学的表現やその中で生じる変化によって定められており、これらの新しい解釈と区別して考えることが難しい。結局、はっきりとした説明のできない理論は、あまり役に立つものではないのだ。

新しい分配理論には様々なものがある。ある理論は、雇用者と被雇用者の間の交渉を強調しており、労働組合や団体交渉ルールの普及度合いによって、企業所得の両者への分配のあり方が決められるとしている。CEOのような高額所得者の報酬の水準もまた、その大部分は交渉によって決まっていると考えられている。[3] 別のモデルは、例えばCEOの報酬と一般従業員の給与の総額との差について、社会に広く受け入れられた規範の役割を強調する。大半の経済学者は、一九五〇年代と六〇年代のより平等主義的な社会的合意が、米国と欧州の労働者に大きな恩恵をもたらしていたことを認めるだろう。しかし、別のモデルでは、限界生産物の枠組そのものから外れることなく、利潤最大化の理由から相場以上の賃金を支払う企業があることを示唆している。例えば、それらのモデルが市場水準以上の「効率」賃金と呼ぶものは、労働者への動機付け、もしくは（雇用や訓練の費用削減のため）労働者の転職を最小化したい雇用者にとっては道理にかなうものかもしれない。これらの新しい解釈は、われわれを汎用性の高いモデルから、異なる状況に関連付けられた具体的なモデルへと再び目を向かわせる。

大きな理論は、最終的には期待させるほどのものをもたらしてはくれない。それらは奥行きのないアプローチであり、おおよその原因を明らかにしてくれるものの、かなり細かい部分に渡るまで裏付けを行う必要があり、必然的に特定の状況を想定したものとならざるを得ない。ただし、これまで私が強調してきたように、そのような理論は、理解の足がかりを与えるものとしては最も望ましい考え方である。

景気循環と失業の理論

ポール・サミュエルソンの博士論文『経済分析の基礎』が一九四七年に出版されて以後、経済学はミクロ経済学とマクロ経済学に分けられた。ミクロ経済学が扱う分野は価格理論であり、その考え方については前節で述べた。マクロ経済学は経済の集計量——特に物価、総産出量、雇用——の動向を取り扱っている。マクロ経済学は「景気循環」と呼ばれる経済活動の上下変動を中心課題としている。

他の分野と同様、この分野でもグランド・セオリーの構築が常になされていた。大きな波が次から次に起こるたびに、われわれは多くのことを学んできた。しかし、景気循環を決定づける大統一理論を開発する試みは、失敗したと判断せざるをえない。

古典派経済学者にとって、個々の市場の働き方と経済全体の動き方にあまり大きな違いはなかった。特に失業は、賃金（労働者の市場価格）が誤った水準に定められた結果生じるものだと理解されていた。リンゴの価格が高くなり過ぎると消費が少なくなるのと同様に、賃金も高くなり過ぎると雇用者の雇う労働者の数も少ないものになる。このシナリオは「古典派的失業」と呼ばれていた。同じ理屈で、経済全体の物価水準は、経済システム内の貨幣量と流動性の程度によって決まっており、持続的な物価上昇は、市場で循環する貨幣量が過剰になった結果生じるものだと考えられていた。

古典派経済学者の景気循環に対するアプローチは、時代錯誤な言葉を用いると、マクロ経済は自ら安定するという見解に集約される。失業は、仕事不足が賃金を押し下げることによって、最終的に消滅する。同様に、突然の物価上昇も自然と収束する。なぜなら、物価上昇によって生じる国際競争力の喪失は貿易赤字を引き起こし、その赤字が金の国外流出によって賄われることで国内の貨幣供給が減少し、その結果物価が調整されるからである。このように想定される自動調整メカニズムによって、景気循環、物価上昇や失業はすべて自然に収束することが保証される。金本位制は、このような正統派経済学の定説を象徴するものであり、二十世紀まで強く支持されていた。金本位制のルールの下では、各国は自国の通貨の金に対する価値を固定していた。例えば、一八三四年から一九三三年まで、米国は金平価を一オンス当たり二十・六七ドルに固定していた。* 各国政府は国境を越えるお金の流れに介入することを放棄して、事実上自らの貨幣政策を経済動向のなすがままに任せた。今日われわれが知っているような、財政政策や景気対策の概念は、当時はなかったのだ。政府は、この調整のあり方にかかわらないこと以外には、何もすることができなかった（するべきでもなかった）。

＊一八六一年から一八七八年のグリーンバック時代における中断期間を除く。Michael D. Bordo, "The Classical Gold Standard: Some Lessons for Today," *Federal Reserve Bank of St. Louis Review*, May 1981, 2–17.

ジョン・メイナード・ケインズはそうではないと考えていた。保守的でもあり革命的でもあったケインズは、資本主義は本質的に不安定なものと考え、その不安定性から資本主義を救うことを目的に学説を構築した。ケインズは、失業が存在する経済は、かなり長い期間均衡状態として持続しうると論じた。古典派の考える調整メカニズムは、それ自身が機能するまでかなり長い期間——数年、数十年、あるいはケインズが「われわれはみんな死んでいる」とうまく表現した長期かもしれない——かかるだろう。その上でケインズは、政府にできることがたくさんあると論じた。民間需要が十分な雇用を生み出すために必要とされる水準に達しない場合、政府は経済に介入し財政支出を増やすべきである。たとえそれによって実施された政府プログラムが、人々に穴を掘らせて埋め戻すようなものであったとしても、最終的には完全雇用が実現し、国民所得が増加することになるだろう。大恐慌の発生によって、これらの考えは大いに広まった。アメリカではピーク時に労働力の四分の一に達したような失業の破滅的な連鎖に、政府は対応せざるを得なくなったからである。

ケインズは並外れて優秀で機知に富んだ書き手だったが、明示的なモデルは構築せず、その論理には時にあいまいな点もあった。偉大な理論家が実際にどのような意図を持っていたのかについて、経済学史家たちは今もあれこれ議論している。最高傑作である『雇用・利子および貨幣の一般理論』（一九三六年刊）のインクがまだ乾かないうちに、早くもケインジアンの枠組を要約しようとするモデルが現れ始めた。なかでも、最も有名であり、数十年にわたって大きな衝撃を与えたのは、ジョン・ヒックスの「ケインズ氏と古典派」だった。[4] ヒックスのモデルは、ケインズの考えを標準的なマクロ経済学――ただし、ケインズを含む多くの人が、せいぜい『一般理論』の部分的表現に過ぎないと異議を唱えている――に置き換える手段となった。実際、ケインズは、自らの考えをモデルとして丹念に作ることに関心はないと明言していた。彼は、自分の考えを特定の様式で具体化することよりも、「比較的シンプルで根本的な考え」を伝達することのほうが重要だと考えたのだった。[5]

ケインジアンの分析手法で重要な点は、経済における貯蓄と投資が一致しない可能性が存在することだ。会計等式上、事後的には貯蓄と投資はお互い等しくならなければならない。なぜなら、どのような形であれ貯蓄された資金は、その投資先を見つけなければならないし、すべての投資は貯蓄から資金調達されなければならないからだ（ただし、外国との貸し借りは無視する）。しかし、ケインズは、この等式を実現させるメカニズムが働く中で失業が発生する可能性があることを強調した。具体的に説明するために、家計が当初貯蓄しようと望んでいた額が、計画されている投資額を上回っていると仮定する。ケインズは、投資の水準は、利子率のようなマクロ経済変数とは全く関係ない心理的要因（「アニマル・スピリット」）によって決まるものだと考えた。もし、投資水準が何らかの理由によってある程度固定されているとするならば、調整されなければならないのは貯蓄のほうになる。では、どうすれば貯蓄は投資と等しくなる低い水準へと減少するのだろうか？

この問いに対して、古典派経済学者ならば、利子率を含む価格調整の役割を強調するだろう。物価水準の下落、あるいは利子率の下落は、家計の消費意欲を刺激し、その結果貯蓄は減少することになる。ケインズは、このような価格の変化は、特に景気下降局面では、非常にゆっくりとしたものになるだろうと考えた。その代わりに、ケインズは総生産や雇用水準による調整を強調した。家計の貯蓄は所得水準に依存するため、生産（ひいては所得と雇用）の減少によっても貯蓄は減少し、投資水準に等しくなるように近づいていく。さらに、失業が急増している不景気の局面では、利子率が経済状況の変化に実質的に反応しなくなるほど、人々はお金を貯め込みたいと思うようになるかもしれない。これは、ケインジアンが「流動性の罠」と呼ぶものだ。このシナリオでは、調整は生産と雇用が十分大きく落ち込まない限り終わることができない。個々の家計による高水準の貯蓄は、それがまとまって起こると自滅的なものになる。そのため、不況は継続するのだ。

総需要が自律的に変化するこのモデルにおいては、景気循環は当然起こる結果である。需要不足は、失業の根本的な原因となる。民間投資や消費支出が増加すれば、この問題は解決する。しかし、そのどちらも生じなければ、政府が動かなければならない。民間需要の不足を埋め合わせるべく、政府が財政支出を増やさなければならないのだ。マクロ経済における総需要を重視するこのような考え方は、一九七〇年代を通じて大きな影響力を持っていた。ここから、差別化された製品数の増加を伴うモデルに精緻化されたり、雇用水準や設備稼働率のような主要なマクロ経済の集計量の数量的予測を導出することを可能とした大規模なコンピューター化されたモデルが生み出されたりした。

その後、二つの出来事が起こった。オイルショックとロバート・ルーカスの出現だ。一九七三年の石油危機は、石油輸出国機構（ＯＰＥＣ）による輸出停止によって突然発生し、経済学者のレーダー・スクリーンに映っていなかった新しい経済状況を引き起こした。不景気とインフレが同時に発生する「スタグフレーション」である。総需要を重視するモデルは、明らかに供給サイド側のショックと呼ばれるものに直面して、あまり役立たなかった。もちろん、ケインジアンのモデルを投入物価格の上昇の影響を考慮するように微調整することは可能だった。そのような試みは、たくさん行われた。だが、そこにシカゴ大学の経済学者で後年ノーベル賞受賞者となるルーカスが登場し、マクロ経済学の分野に革新的なアイデアをもたらしたことで、ケインジアン・モデルは大きな打撃を受けることになったのだ。

一九七〇年代の終わりごろ、ルーカスは、マクロ経済学に古典派的な考え方を新たな装いの下に再導入した。ルーカスは他の研究者（特に当時ミネソタ大学に在籍していたトマス・サージェント）たちとともに、ケインジアンのモデルは、経済の中で個人がいかに行動するのかや、政府の政策にどのように反応するのかについて、あまりにも機械的な考え方をしていると論じた。[6] シカゴ学派のもう一人の経済学者であるジョン・コクランの言葉を借りると、ルーカスとサージェントはマクロ経済学に人間の存在を取り戻したということになる。[7] 消費や所得のような集計量同士の関係に頼る代わりに、個人の消費、貯蓄やどれほど労働を供給するかの決定をモデル化し始めた。これはミクロ経済学で古くから行われていたこととほぼ同じようなものだったが、彼らはそのモデルをマクロ経済の動向にまで拡張したのだった。これらの研究は「ミクロ的基礎」というより大きな理論となった。

このようなモデル構築に関する戦略の変化は、二つの大きな影響をもたらした。一つは、個人と政府の双方について予算制約を明示的に取り入れたことだ。民間消費は現在の所得はもちろん将来の所得の影響も受けるし、今日の財政赤字は、明日の増税（あるいは政府支出の減少）を意味している。このような戦略によって、期待形成のあり方についての再考も強いられることになった。ルーカスやサージェントは、もし人々が合理的に消費を決定するのであるならば、将来の予想を行う際にも人々は合理的であるはずだと論じた。このような予想は、経済の根本にあるモデルに従っているはずだ――こうして「合理的期待」仮説は、瞬く間に専門家たちを魅了した。合理的期待はすぐに期待形成のモデルの基準となり、経済学者は、様々な問題について政府の政策変化への民間部門の反応を分析するために、このモデルを用いている。

ルーカスやサージェント、そして彼らの信奉者は、ミクロ経済的基礎を伴うモデルは、景気循環の主要な特徴を説明することができ、価格調整が緩やかであるというようなケインジアンの仮定がなくても一時的な失業が生じうると論じた。合理的期待は、人々が予測可能な誤りを犯すことはないというものだが、人々が価格について不完全な情報しか持っていないときには一時的な誤りを犯すことを排除していなかった。このことから、消費者の嗜好や就業の選択、あるいは技術的条件――すなわち需要曲線や供給曲線――に対する「ショック」は総産出や総雇用の変動を生み出しうるのだ。同じくらい重要なのは、新しい理論が、経済を安定化させるための政府の影響力はかなり弱いものになると示唆したことである。それどころか、あらゆる安定化政策は予想に反した結果を生み出すはずだ。政府が財政出動や金融緩和による景気刺激策を行うと知った場合、人々は政策意図を弱めるような行動をとるからである。例えば、積極的な金融緩和は、企業に価格上昇のインセンティブを与えることによって、生産や雇用の増加の伴わないインフレーションを引き起こすだろう。財政刺激はクラウディングアウト――民間部門の支出削減――をもたらすだけである。

後に「新しい古典派アプローチ」と呼ばれるようになったこれらのモデルが――少なくとも学界で――勝者となったのは、実験検証によってではなかった。モデルの現実世界への適合、とりわけいくつかの主要な構成要素の現実性について、大論争が繰り広げられた。しかし、新理論が成立して間もない一九八〇年代半ばに、アメリカ経済は経済成長、完全雇用、物価安定が成立する時期を迎えており、景気循環は「大いなる平穏」の時代に取って代わられたように見えた。その結果、実際問題として、新しい古典派のアプローチの記述面や予測面での現実性はあまり重要でないように思われたのだ。

この理論の魅力はモデルそのものにある。ミクロ経済学的基礎、数学、新しい技術、ゲーム理論との深いつながり、計量経済学やその他経済学で高く評価されている分野――これらすべてが新しいマクロ経済学をケインジアン・モデルよりも非常に先進的なものに見せた。モデルの根底にある戦略に疑問を持つ者は皆、「マクロ経済学モデルはこのようなものだから」と陰に陽に非難された。他方、ヒックスから始まったケインジアンのモデル構築手法は実質的に消滅した。しかし、ケインズ主義も共に消えたわけではなかった。政府による積極的な政策が経済を安定化させる役割をいまだに担っていると考える人々は、学界内での信憑性を保つために、ニュー・ケインジアン・モデルと呼ばれる別のミクロ経済学基礎を持ったモデルを開発せざるを得なかった。

新しい古典派の理論と現実経済との断絶は、二〇〇八年からの世界金融危機の悪夢によって自らに跳ね返ってきた。経済学者がなぜ危機の到来に気づくことができなかったのかは、次章のテーマである。この危機は主に金融システムの失敗によって引き起こされたが、それについてケインジアンも新しい古典派のマクロ・モデルも、それまで何も語ってはいなかった。しかし、ひとたびアメリカ経済が不景気に陥り、失業が発生すると、その適切な解決策は、まさにマクロ経済学が専門領域とするところとなった――はずだった。だが、当時有力だったルーカスやサージェントの手法を引き継いだマクロ・モデルはほとんど役に立たなかった。二〇〇三年初頭の著作で、ルーカスは「不況を防ぐという中心的な問題は、事実上解決された」と述べていた。[8] その頃は、大不況は起こりそうになかったので、大不況と闘うことに考えがあまり向けられていなかったのだ。

新旧モデルで意見が一致していることがひとつあった。経済が不安定になり、家計や企業ができる限り現金を貯蔵する質への逃避が発生する場合には、連邦準備銀行（FRB）は貨幣を刷り、追加的な流動性を――山のように――生み出すべきということだ。貨幣流通量の増加は、デフレや深刻な不況の発生を防ぐ。ミルトン・フリードマンは、このことに失敗したことが一九三〇年代大恐慌期の

ＦＲＢの最大の過ちだと何年も述べてきた。恐慌の専門家であったベン・バーナンキＦＲＢ議長が、二〇〇八～〇九年に数千億ドルもの流動性を経済に注入したとき、ルーカスはその行動を讃えた。[9] オバマ大統領が二〇〇九年に提示した最初の景気刺激策もまた、たとえそれが苦肉の最終手段と見なされていたとしても、（ルーカスも含めて）幅広い支持が得られた。*

＊Holman W. Jenkins Jr., "Chicago Economics on Trial" (interview with Robert E. Lucas), *Wall Street Journal*, September 24, 2011, http://online.wsj.com/news/articles/SB10001424053111904194604576583382550849232. 二〇一四年に三十七人の主要な経済学者に調査したところ、一人を除くすべての者が、景気刺激策が失業を減少させたことに同意し、大半の者が政策の便益は費用を上回るものだと考えていた。Justin Wolfers, "What Debate? Economists Agree the Stimulus Lifted the Economy," *The Upshot, New York Times*, July 29, 2014, http://www.nytimes.com/2014/07/30/upshot/what-debate-economists-agree-the-stimulus-lifted-the-economy.html?ref=upshot.

これらの政策が実施され、ひとたび金融パニックが落ち着くと、新しい古典派モデルは節度と慎重さを持って行動することを提案し、それ以外のことを言わなくなった。ＦＲＢの量的緩和政策――金融緩和――は素早く引っ込めなければならず、そうしなければすぐにインフレが起こるだろう。新しい古典派モデルに精通していた経済学者は、インフレの危険性を警告し続けていた。失業率がいまだ高水準で、経済が標準以下のパフォーマンスしか示しておらず、特にインフレーションの気配もなかったにもかかわらず、連邦準備制度理事会に対して金融引締を行うよう主張した。民間消費と投資を締め出すだけだとして、総需要と雇用を引き上げる継続した財政刺激策にも反対した。経済は自ら元の軌道に戻るというのだ。それに失敗すると、ルーカスらは、民主党政権がもたらした弊害を指摘するようになった。彼らが言うには、景気回復の遅れは、将来の増税その他の政府介入が起こるとの見通しによって生じた不確実性が原因である。[10] 介入主義的国家が生み出す人為的な不確実性に直面しているので、実業界は投資を実施できず、消費者は支出することができないというわけである。

他の多くの者にとって、不況の発生はケインズの独創的な考えが正しかったことを証明した。経済学者でニューヨーク・タイムズのコラムニストであるポール・クルーグマンは、財政刺激策は不十分であり、あまりにも早く取り下げられた結果、不必要に多くの失業が長期間にわたって蔓延することになってしまったと声高に論じた。[11] カリフォルニア大学バークレー校のブラッド・デロングとハーバード大学のラリー・サマーズはそれぞれ、財政赤字に対する懸念は見当違いであり、財政刺激策は経済を回復軌道に乗せる手助けとなるので、実行する価値のあるものだと論じた。[12] 皆、著名であり傑出した経済学者である。クルーグマンは、国際貿易理論に不完全競争を導入した先駆的な業績でノーベル賞を獲得した。サマーズは、オバマ政権の財務長官を務めていた。しかし、彼らは学界内で支配的な地位を占めていた新しい古典派のモデルについては門外漢だった。

ケインジアンと新しい古典派の論争の中核は、経済の需要側と供給側のどちらに問題があるのかということにあった。大体において、経済学者は競合する考えを識別し、より適切なものを選択する方法を持っている。前章で述べたモデル選択の原則は、このような課題に適している。至極もっともなことだが、ケインジアンは、もし問題が供給不足にあるのであれば、インフレ圧力の証拠が見られるはずだが、実際にはなかったと指摘した。失業は経済のすべての部門に影響を与えているようであったし、各産業が直面している固有の状況とは関連していなかったとして、改めて不況の犯人は全般的な需要の落ち込みだと指摘した。[13] その一方で、新しい古典派側は、ニュース記事、税制の変更、市場予測の不一致から、政策に関する不確実性が増し、そのことが米国全域における長期間の失業増加と経済成長の減速の、少なくともある程度の割合を説明していたとする証拠を提示した。[14] それらの証拠が、議論において人々が元から持っていた意見を左右することになるのかははっきりしない。双方が理論の妥当性について強く確信している場合、実証的分析によってその白黒が決することは――特に現在進行している事態について分析を行っていかなければならない場合には――滅多にないのだ。

これらの景気循環に関するグランド・セオリーについて、どのような結論を得ることができるのだろうか？　間違いなく、無益だということはなかった。古典派、ケインジアン、そして新しい古典派理論は、それぞれ有益な貢献を行っている。ケインジアン的手法は、一九七〇年代の経験については妥当性がほとんどなかったが、その見識の多くは今日でも有効であり役に立つ。新しい古典派のアプローチは、政府の政策に個人がいかに反応するのかを理解する必要性を強く認識させてくれた。これらの理論が間違っていたのは、状況に関係なくあらゆる場合に適用される大きな理論とされていることだ。特定の状況に限定されたモデルであるとき、モデルは大きな価値を保つのだ。

特定の出来事を説明する理論

今度は、この章の冒頭で述べた中間的な種類の経済理論に目を向けてみよう。分析の範囲を狭めることで、経済理論は特定の事柄が進展する原因を探ることができる。それは、同種のすべての動向に対する一般的な説明を提供しようとするものではない。概して歴史的かつ地理的に独特なものばかりである。

ここで考察する具体的事例は、一九七〇年代後半以降、アメリカやその他一部の先進国経済で起こっている格差拡大の背後にある理論についてだ。たとえ人々に広く受け入れられていたとしても、この理論は他の状況に適用すべきものではない。私が考察しようとしている説明は、例えば第一次世界大戦前の金ぴか時代にアメリカで生じた格差拡大や、一九九〇年代以降の多くの南米諸国で生じた格差縮小を説明しようとするものではない。それらは、また別のことである。

一九七〇年代半ばから始まったアメリカ国内の格差の急激な拡大は、よく知られている。ジニ係数は、格差を計る指標として広く用いられており、〇（全く格差がない）から一（すべての所得がひとつの家計に集中する最高度の格差が生じている）までの数値を取るが、この数値は、一九七三年の〇・四〇から二〇一二年には〇・四八に上昇――二十％の上昇――している。[15] 同じ期間に上位十％の富裕層の所得が国民所得に占める割合は、三十二％から四十八％に上昇した。[16] この劇的な変化はなぜ起こったのだろうか？

格差拡大の背景にあるものの一つに、熟練度の高い労働者と低い労働者の間の稼ぎの差を示す「熟練プレミアム」の上昇がある。一九八〇年代後半の初めに、経済学者がこの差に焦点を当て始めたときに、まことしやかに言われていた解釈がすでにあった。グローバリゼーションの進行だ。近年、アメリカ経済はこれまでと比べてはるかに国際貿易の波にさらされるようになった。欧州や日本のような他の先進国経済は、生産性の点でアメリカに大きく追いついてきており、厳しい競争を仕掛けてくるようになった。そして、賃金がアメリカと比べてはるかに低い水準でしかない東アジアには、多くの新興輸出国――韓国、台湾、中国――がある。

リカードの時代以来、比較優位の原理の精緻化が数多く行われてきた。最も有名なものに、二十世紀初頭にエリ・ヘクシャーとベルティル・オリーンが初めて構築した「要素賦存」理論と呼ばれているものがあるが、その理論は、アメリカで起こっていた相対賃金の変化について正確に予言していた。この理論に従うと、アメリカは熟練労働集約度の高い製品を輸出し、未熟練労働集約度の高い製品を輸入する。国際貿易の拡大は、より大きな市場への参入が可能になったアメリカの熟練労働者にとってはよい知らせだが、より激しい競争にさらされなければならなくなった未熟練労働者にとっては悪い知らせだ。カリフォルニア大学ロサンジェルス校の経済学者エドワード・リーマーが一九九〇年代初頭に指摘していたように、「我が国の未熟練労働者は世界中の低賃金未熟練労働者の大海に直面している」のだ。[17] その結果、この二種類の労働者の賃金格差は拡大することになる。実際、この理論はより強力な意味を含んでいた。未熟練労働者は相対的にだけでなく、絶対的にも損をしていた。経済の開放度が増すことで、生活水準は下がっていったのだ。*

＊これは要素賦存理論の拡張であるストルパー＝サミュエルソン定理が示した結果である。Wolfgang Stolper and Paul A. Samuelson, "Protection and Real Wages," *Review of Economic Studies* 9, no. 1（1941）：58–73.

そこで議論は落ち着いていたように見えていたのだが、経済学者は要素賦存理論と一致しないような別の動向に気づいた。一つには、アメリカとの貿易相手である低賃金のアジアや南米の国々でも熟練プレミアムが上昇していたことがある。ここには理論上の問題があった。理論では、これらの国における熟練プレミアムの動きについて反対の方向に動くと予言されていたからだ。未熟練労働集約的な製品を輸出する国では、未熟練労働者は賃金上昇を通じて利益を得るはずだった。そしてアメリカでは、各産業で理論が述べていたことに反する行動が取られていた。貿易が未熟練労働をより安価にするのであれば、企業は熟練労働を未熟練労働に置き換えるべきであったはずなのに、企業は未熟練労働者を熟練労働に置き換えた——熟練度の引き上げを行った——のである。[18] このことは、経済学者がいかにしてモデルに付随する結果を用いて特定の出来事の説明について立証する、あるいはこの場合であれば反論するために用いることができるのかを示すいい例となった。
このような理論の予測と反する事態の発生は、必ずしもグローバリゼーションが格差拡大を引き起こしているということを否定するものではない。しかし、これらのことは、もしグローバリゼーションが格差拡大の真の原因だとするならば、要素賦存理論が主張していたものとは異なる経路でその説明がなされなければならないことを強く示唆していた。そのため、直接投資とオフショアリングを取り入れた別のグローバリゼーション・モデルが即座に現れることになった。生産工程は、多様な部品の生産から成り立っている。産業の中で最も熟練集約度の高い部品はアメリカで製造されるが、最も熟練集約度の低い部品はメキシコのような途上国で製造されると、当然考えられる。グローバリゼーションの進行によって、関税や輸送費、通信費が低下し、以前より容易くオフショアリングを行うことができるようになったことで、アメリカの企業は生産の一部をメキシコに移した。オフショアリングの対象となった部品はアメリカの企業にとっては最も熟練集約度の低いものだと予想することができる。しかし、同じ部品でも、メキシコで生産される場合、メキシコの中では最も熟練集約度が高いものとなる。その結果、少し逆説的だが、アメリカとメキシコの両国で産業の熟練度が上昇するのだ。このため、両国で熟練労働者に対する相対需要と熟練プレミアムが共に上昇するのだ。この仮説を最初に発展させたロバート・フィーンストラとゴードン・ハンソンは、メキシコのマキラドーラ――国内の自由貿易地区内で操業する製造業の工場群――からモデルと一致する実証的証拠を示した。[19]
グローバリゼーションの次に格差拡大の要因として有力とされたのは、技術の変化だった。当時は、情報通信技術の急速な進歩とコンピューターの普及が進んでいた時代だった。労働生産性を向上させるような広い意味での技術進歩は、通常ではすべての人々の生活水準を改善すると考えられている。しかし、その中には他者と比べてより多くの利益を得る者がいるかもしれない。新しい技術にはそれを扱う熟練労働者が必要であるため、大学教育やそれ以上の教育を受けた熟練労働者に対する需要は、より熟練度の低い労働者に対する需要よりも急激に増加した。これが、経済学者が言うところの「スキル偏向型技術変化（ＳＢＴＣ）」であった。[20]

ＳＢＴＣ仮説は、熟練プレミアムの上昇を説明していた。それに加えて、要素賦存モデルとは異なり、ＳＢＴＣ仮説は、企業や産業内の熟練度の上昇とも一致していた。雇い主は、自動化を進めコンピューターを大いに利用するようになった結果、より多くの熟練労働者を雇うようになった。これらの技術変化は世界中に同様に広まったため、途上国における賃金格差の拡大もまたこの理論で説明された。一九九〇年代の終わりまでには、国際経済学者と労働経済学者との間で、熟練プレミアム上昇の主要な犯人はＳＢＴＣだということで合意がほぼ成立していた。貿易はある程度の役割は果たしていたかもしれないが、熟練プレミアム上昇のせいぜい十〜二十％しか説明できないとされた。

しかし、すぐにこの見解に対して疑いの目が向けられた。一九九〇年代に入り、新技術の導入が緩まることはなかった（その後、二〇〇〇年代に入って再び激しく勢いづくことになった）が、熟練プレミアムは安定していた。賃金の動向の大部分は、ＳＢＴＣだけでは説明できなかったのだ。例えば、大卒同士といった熟練度が同等と見なされる者たちの間でも賃金格差は大きく拡大した。一つひとつの仕事内容に関する熟練度の上昇や、熟練度の高い職種のシェアの上昇は、少なくとも一九五〇年代以後には起こっていたが、それによって必ずしも格差が生み出されたわけではなかった。たとえ、技術変化がある程度これらの動向の背後にあったとしても、グローバリゼーションの進展が、一九七〇年代以降の新技術導入を後押ししていたということはなかったのだろうか？ 最後に、格差拡大の主要因は、所得分配の最頂点――上位一％――の所得増大であったが、所得増大の大部分は、賃金ではなく資本所得（株や債券からの収益）によってもたらされた。

これらのことから、格差拡大の発生をＳＢＴＣのみで説明できるようには思われなくなった。三つ目の格差拡大の要因として、一九七〇年代後半以降に起こった政策や考え方についての幅広い変化に焦点を当てた様々な側面からの解説に注目が集まった。マクロ経済政策は、物価の安定により強い関心を持つようになり、完全雇用には以前ほど注意を向けなくなった。労働組合は衰退し、労働者は交渉力を失い、最低賃金は物価に連動して上昇しなくなった。大きな賃金格差――最高給を得る従業員と最低給を得る従業員との間の差――をよしとしない職場の規範は弱まった。規制緩和や金融部門の大幅な拡大によって、数十年前までは考えられなかったような富の蓄積が可能となったのだ。[21]

結局、一九七〇年代以降のアメリカの格差に関する話を完全に説明できる理論は一つもないことが明らかになった。また、異なる理論の相対的な貢献度を説明するいい方法もなかった。いくつかの理論（モデル）のお陰で、われわれは貿易や技術、その他の要因が影響を及ぼす経路について、より良い理解ができるようになった。その他の理論で生じた誤りで、最初は同じように説得力があるように見えたメカニズムが、除外できるようになった。結論には至らなかったが、その過程でわれわれは十分多くのことを学んだのだ。

理論とは実のところ単なるモデルの寄せ集めに過ぎない

これまで見てきたように、経済学の理論は、あまりにも一般化されてしまったために現実世界に対して実際にはほとんど役に立たないか、あるいはあまりにも特定化されてしまったために、せいぜい現実の特殊な一面を説明できるに過ぎないかのいずれかになっている。この難問を、私は具体的な理論をとりあげて説明してきたが、これは経済学のいずれの領域でも妥当するものだ。資本主義の普遍的法則を発見したと主張した理論家を、歴史は常に裏切ってきた。自然とは違い、資本主義は人間が生み出したものであり、それゆえ柔軟な構造物なのだ。

もっとも、「理論」という用語が使われる頻度から判断すると、経済学は理論で溢れている。ゲーム理論、契約理論、サーチ理論、成長理論、貨幣理論などなどだ。しかし、用語に騙されるべきではない。実際、これらの理論の一つひとつは、状況に応じて注意深く用いられる特殊なモデルの集まりである。それぞれの理論は、研究の対象となる現象について万能の説明を与えるというより、むしろ分析道具の一つの組み合わせを提供しているのだ。それ以上のものを要求しない限りは、理論はとても有益であり適切なものになりえる。

五十年近く前、最も独創的な精神を持つ経済学者の一人だったアルバート・ハーシュマンは、社会科学者による「強引な理論化」に対して不満を言い、壮大なパラダイムの追求がいかにして「理解の妨げ」になり得るかを語っていた。[22] 網羅的な理論を構築しようという衝動によって、偶発的事件が果たす役割や、現実世界で生じうる様々な可能性から学者が目をそらしてしまうことを心配したのだ。経済学の世界で今日起こっていることの多くは、より穏健な目標を目指している。それは、ある時期に生じた一つの因果関係を理解するための研究なのだ。多くの問題は、大それた野心でこの目的を見失ってしまうときに生じる。

第五章　経済学者が間違える時

卒業式のスピーチとしては記録的な短さだ。二〇〇七年五月、カリフォルニア大学バークレー校の卒業式の壇上でマクロ経済学者のトム・サージェントは、この手のスピーチはいつも長過ぎると思うと述べた。だからすぐに核心部分にたどり着いた。経済学は、と彼は言う。「常識を体系化したものだ。」彼は十二のリストを挙げて、これこそ「われわれが教えるべき美しい主題だ」と述べた。第一は、「望ましいものの多くは実現可能ではない。」第二は「個人と社会はトレードオフに直面している。」第四の項目で、サージェントは政府の役割に触れている。「誰もがインセンティブに反応する……これが、社会的セーフティネットが必ずしも意図した通りの結果をもたらさない理由だ。」次の項目はこうだ。「平等と効率の間にはトレードオフが存在する。」[1] 彼が言わんとしているのは、政府が所得分配を改善するには一定の経済的費用が掛かるということだ。

サージェントはおそらくこのリストに議論の余地はないと考えていた。実際、彼のスピーチは、政治的左右の両方の立場の経済学者から称賛を得た。もちろん、同意しない者もいた。例えば経済学者でブロガーのノア・スミスだ。リストを終わりまで読むと、サージェントの十二の教訓のうち十は「平等性を高めたり人々を助けるのに政府を用いることへの警告」ではないか、と不平を漏らしている。ポール・クルーグマンも同様に批判的だ。良く機能する市場経済は完全雇用をもたらすというアイデアを、普遍的な真理であるかのように押し通しているとして、サージェントをたしなめている。

平等と効率のトレードオフというサージェントの見解を取り上げてみよう。経済学者の標準的な仮定（個人間の所得移転は非効率を引き起こすことなしに実現するという仮定）のどこにも、そのようなトレードオフはないとスミスは書いている。クルーグマンは、高い不平等が経済成長を妨げる恐れがあるという最近の実証研究を紹介している。[2]

　サージェントの批判者は正しい。「インセンティブは重要だ」とか「意図せざる結果に注意せよ」とかいう使い古された一般化の他に、経済学には不変の真理などない。この「美しい職業」が教える、すべての価値ある教訓は状況依存的だ。それらは「if-then〔もしAならば、結果はB〕」文であり、「もし（if）」という条件式は、「結果は（then）」と同じくらい重要なのである。

　しかしサージェントが行ったのは、経済学者はそう考える傾向にあるという的確な要約だ。スミスとクルーグマンの批判にもかかわらず、大抵の経済学者は、同じような例にこだわって、平等と効率の間にトレードオフがあると信じている。気をつけて欲しいのは、同じ経済学者が、いくつかのモデル（といくつかの証拠）が反対の方向を指摘するということに完全に自覚的であるということだ。しかしそれらの存在は、経済学者の合意の邪魔にはならないようだ。

　事実、すべての職業的経済学者がほとんど同意するたくさんの重要なことがある。グレッグ・マンキューは、ハーバード大の教授で世界的に用いられる経済学の教科書の著者だが、数年前にブログで一つのリストを提供している。[3] 以下に挙げるのは、上位に挙げられたものの一部だ（括弧内の数字は、その命題に賛成する経済学者の割合を示している。）

一　家賃に上限を設けると、利用可能な住宅の量や質を引き下げる（九十三％）

二　関税と輸入割当は全般的な経済厚生をたいていは引き下げる（九十三％）

三　変動為替レートは、優れた国際通貨制度である（九十％）

四　財政政策（減税や政府支出増）は経済が完全雇用に達していない場合、重要な景気刺激策となる（九十％）

五　アメリカ合衆国は経営者が外国にアウトソーシングしようとするのを制限すべきではない（九十％）

六　アメリカ合衆国は農業補助金を削減すべきである（八十五％）

七　連邦政府の巨額の赤字は、経済に逆効果である（八十三％）

八　最低賃金制度は、若者や未熟練労働者の失業を増やす（七十九％）

これまでの各章を読み飛ばした人でない限り、これらの問題について合意の度合いが高いことに驚くはずだ。八つのうち少なくとも四つについて、われわれはすでにそれと矛盾するモデルを見てきた。家賃のコントロール（家主による変更に上限を課す）は、家主が独占的に行動する場合には、住宅の供給量を必ずしも制限しない。貿易制限は必ずしも効率性を減少させるとは限らないし、財政刺激がうまくいくとは限らないし、最低賃金が失業を増やすとも限らない。これらすべてのケースで、不完全競争や不完全市場、不完全情報のモデルを使えば逆の結果が出てくるのだ。同じことは、マンキューが挙げている他の問題についても言える。

経済学がわれわれに教えるのは、結論を左右するのは明示された諸条件――重要な仮定――だということだ。しかし、調査した経済学者のほぼすべて（九十％以上）が、重要な仮定のある特殊な組み合わせの一般的妥当性を強調したがっているようだ。おそらく彼らがあえて危険を冒しているのは、これらの仮定が現実世界ではより一般的だと信じているからだ。あるいは、一つのモデルの組み合わせのほうが、他の組み合わせよりも「平均的」にベターだと考えている。その場合、経済学者は科学者として、自分たちの合意事項に適切な注意書きをつけなくてよいのだろうか？　断定的な言明が、潜在的に人を欺いているかもしれないと憂慮しなくてよいのだろうか？

われわれは、経済学の中心的なパラドクスの一つに到達している。多様性の中の画一性だ。経済学者が用いる大量のモデルは、あらゆる種類の相反する指針を示している。しかし時事的な問題になると、彼らの見解はしばしばしば一点にまとまる。必ずしも利用可能な証拠の強度によって正当化できない見解であっても、だ。

論点を明確にしよう。経済学者は常日頃から、様々な問題について精力的に論争している。最富裕層の所得税は何％にすべきか？　最低賃金は引き上げるべきか？　特許はイノベーションを刺激するのに重要か？　他にも様々な問題について、経済学者はしばしば両面的な態度を取る。ハリー・S・トルーマン大統領は、アドバイザーの経済学者が矛盾した意見を言ったり、断定的なことを言うのを避けるので、「片腕の経済学者」〔一方A、他方Bなどと留保をしない経済学者〕を求めたと言われている。「すべての経済学者を端から端まで並べても、結論にはたどり着かないね。」ジョージ・バーナード・ショーは次のようなジョークを飛ばしたそうだ。経済学者が合意に達するのは奇跡に近い。仮に奇跡が起きたら、立ち止まってそれを疑ったほうがいい、と。

合意は時に無害である。インセンティブは重要だ、とかだ。時には、合意は地理的にも歴史的にも、適切に制限されている。*ソビエトの経済システムは恐ろしく非効率だ、とかだ。別の場合には、合意は蓄積された証拠に基づいた事実による評価を反映している。オバマ政権が二〇〇九年に行った財政刺激は失業を減らした、などである。しかし、特殊なモデルから導かれた結論をあらゆる状況に当てはめようとすると、それらの重大な仮定――例えば完全競争とか、消費者側の完全情報とか――は多くの場合破られがちである。ここに問題がある。

＊ロジャー・ゴードンとゴードン・B・ダールは、かなり特殊な問題についてなら、大学に在籍する主導的な経済学者の間でも「幅広い合意」が見られると報告している。例えば「二〇一一年の連邦準備制度理事会の新しい政策は、二〇一二年のGDPを少なくとも一％は押し上げるだろう」といったことだ。彼らはまた、扱われる問題が大きくなるほど合意も大きくなるとも言っている。Gordon and Dahl, "Views among Economists: Professional Consensus or Point-Counterpoint?" *American Economic Review: Papers & Proceedings* 103, no. 3 (2013): 629–35.

経済学者があるモデルを唯一のモデルと勘違いすると、二種類の悪影響が生じる。まず、不作為の誤りだ。盲点が生まれることで、不気味に迫る危険を予見することが不可能になる。ほとんどの経済学者は、実際、二〇〇七年から〇八年にかけてのグローバルな金融危機を生み出す環境の危険な流れを把握し損ねた。もう一つが、作為の誤りだ。世界についての固定観念のせいで、経済学者が、前もって失敗が予見されていたはずの政策に荷担してしまう。いわゆるワシントン・コンセンサスや、金融グローバリゼーションの経済学者の擁護はこのカテゴリーに属する。両方のタイプの間違いをさらに深く考えてみたい。

不作為の誤り――金融危機

金融危機が発生した直後、シカゴ大学の法学者で経済学者のリチャード・ポズナーは同僚の経済学者を酷評した。この分野の著名な経済学者は、と彼は書いている。恐慌は問題にならないとか、資産バブルは絶対に起きないとか、グローバルな銀行業務は安全で健全だとか、アメリカの国債は心配いらないとか考えていた。[4] しかし、これらすべての信念が、間違いだと判明した。住宅バブルは二〇〇八年に弾け、アメリカの金融業は破滅に向かい、安定化のため政府の大規模な救済を呼び込んだ。危機は瞬く間にヨーロッパや他の世界に拡がり、大恐慌以後で最悪の景気後退を引き起こした。アメリカの失業率は二〇〇九年十月には十％を超え、二〇一四年の終わりにようやく五・六％まで下がっている。私はこの文章を二〇一四年の終わりに書いているが、ユーロ圏の国々では若者のほぼ四人に一人が失業したままだ。

多くの経済学者は危機の前からアメリカ経済の状態を心配していた。しかし、関心の矛先は、この国の低い貯蓄率と、膨らみ続ける経常収支赤字に向けられていた――輸入が輸出を大幅に超過していたのだ。いわゆるハードランディングシナリオが考慮されるようになると、焦点は米ドルの急激な減価の可能性に絞られるようになった。インフレの再燃とアメリカ経済への信頼の急落に見舞われるかもしれない、というわけだ。ところが危機は、ほとんどの人が予期していないところを直撃した。アメリカ経済の柔らかい下腹部は、住宅部門とそこに過大な信用を供給していた広範な金融部門だったのだ。

規制のゆるい影の銀行部門は、新しい金融手段のアルファベットのスープをせっせと作っていた。それらの新しいデリバティブは、リスクを、それを負いたい人に分配してくれると考えられていた。ところが、それらはリスクテイキングを助長し、レバレッジを膨らませることになった。しかも、当時は誰も把握できなかった仕方で経済の異なる部分が結びついていたので、あるところで起きた失敗が別のところでの崩壊を引き起こしていったのだ。ノーベル賞受賞経済学者のロバート・シラーと、後にインド中銀の総裁を務めたシカゴ大学の経済学者ラグラム・ラジャンのような少数の注目すべき例外を除けば、経済学者は住宅と金融の問題の大きさを見過ごしていた。シラーは長い間、資産価格は過度に変動が大きいと議論し、特に住宅価格のバブルに注目してきた。[5] ラジャンは、その頃「金融イノベーション」と称賛されていたものの良くない傾向に苛立っていた。早くも二〇〇五年の段階で銀行は過大なリスクを取り過ぎていると警告を発し、ハーバード大学の学長だったラリー・サマーズから「ラッダイト〔技術革新反対主義者〕」と非難されていた。[6]

ほとんどの経済学者が、危機によって盲点を突かれたのは否定しがたい。そのためこれを、経済学の根本的な崩壊の証拠と解釈する向きも多かった。この分野は、もう一度考え直して再設計する必要があるというわけだ。しかし、このエピソードが奇妙なのは、経済の内部で進行していたものを説明してくれるはずの大量のモデルが、実際にはあったということである。

バブル――資産価格がその基礎的価値から離れて急激に上昇する――は、真新しい現象ではない。その存在は、十七世紀のチューリップ熱や十八世紀の南海泡沫事件にまで遡ることが知られている。バブルを研究対象としたモデルは多様かつ複雑で、その中には、完全に合理的で将来を予想できる投資家を前提としたモデルも含まれる（いわゆる合理的バブル）。二〇〇八年の金融危機は銀行の取付騒ぎのあらゆる特徴を有していたが、これも経済学の基本要素だ。予想の自己実現によるパニックのモデル――大量の資金を引き出すという諸個人の合理的な行為が、システムの流動性が干上がるという集団の非合理を生むという協調の失敗――は、経済学のあらゆる学生によく知られている。パニックを助長する引き金についても同様だ。取付騒ぎを回避するには、預金保険（銀行規制と一緒に）が必要だということは、すべての金融論の教科書で強調されている。

危機の進行の鍵となるパターンは、金融機関経営者の過大なリスクテイクである。彼らの報酬はそれに依存しているが、彼らの行動は銀行の株主の利益と必ずしも調和していない。経営者と株主の利益の相違は、プリンシパル・エージェントモデルの最も重要なものだ。これらのモデルでは、「プリンシパル」（規制機関、有権者、株主）が「エージェント」（規制される企業、選挙で選ばれる政府、ＣＥＯ）の行動をコントロールしようとする状況に焦点が当てられている。後者は前者よりも、経済環境の情報を持っている。結果として生じる困難さと非効率は、経済学者にとって何ら驚くべきことではない。もう一つのインセンティブの歪みは、不動産担保証券を評価する信用格付会社にも集まっている。これらの格付会社は、彼らによって格付される証券を発行する当の金融機関から支払いを受けていた。彼らが、支払者を満足させるべく格付を調整するのは、経済学部の一年生でも分かるくらい自明である。

資産価格の崩壊が経済全体にもたらす帰結もまた、一九八〇年代初頭に新興国が金融危機の波に洗われて以降、経済学者にはおなじみである。これらのエピソードに学んだ者であれば、アメリカやヨーロッパで住宅や建設向けの借入が急増している事実に無頓着ではいられなかったはずだ。レバレッジの圧縮が経済全体に波及する、すなわち銀行、企業、家計のすべてが同時に負債を減らそうと、バランスシートを健全化するにつれて事態が悪化していくのも、それら初期の金融危機を連想させるものであった。

経済学者は何が起きているのかを理解するモデルを持っていなかったわけではない。実際、ひとたび危機が現れはじめると、いま紹介したモデルは必要不可欠なものとなった。例えば、大量の外貨準備を蓄積しようとする中国の決定が、回り回って、カリフォルニアの住宅融資を受ける人々が過剰なリスクを取る原因となっている。その途中のすべての段階――ドル資産への需要に応じて金利が引き下がり、ほとんど監視を受けない金融機関が収益確保のためのリスクのある手段を探すインセンティブがあり、短期の借入でポートフォリオが拡大するにつれて金融の脆弱性が高まり、株主が銀行のＣＥＯを適切に制御できず、住宅価格のバブルが発生する――は、既存のフレームワークによって容易に説明できる。しかし経済学者は、別のモデルを過大に信頼して他のモデルを犠牲にしてしまった。

それゆえ、大問題が引き起こされたのである。

経済学者に特に好まれたのが、「効率的市場仮説（ＥＭＨ）」を発展させたものだった。[7] この仮説は、シカゴ大学の金融論の教授で、後に（何とも不思議なことに）ロバート・シラーと同じ年にノーベル賞を受賞することになるユージン・ファーマが公式化したものだ。この仮説は、ごく簡単に言うと、市場価格はトレーダーが利用できるすべての情報を反映しているというものだ。つまり個人投資家は、インサイダー情報にアクセスしない限り、市場を打ち負かし続けることはできないというのが、効率的市場仮説の意味するところである。中央銀行や金融規制機関にとって、ＥＭＨは市場をあちらこちらの方向に動かそうとするべきではないと警告している。すべての関連する情報はすでに市場価格に織り込まれているので、どんな介入も市場を是正するより、歪みを生み出しやすくなるからだ。

ＥＭＨは、観察者が金融危機を予想できたはずだということを含意しない。実際のところ、ＥＭＨによれば資産価格の変化は予想できないのだから、それは反対のことを意味している――危機は予測などできなかったのだ。それにもかかわらず、このモデルと、資産価格の持続的な上昇の後には鋭い崩壊が来るという現実を一致させるのは難しい。ＥＭＨを投げ捨てることなしにこれを説明するためには、われわれは次のことを信じなければならない。経済の未来の局面についての膨大な「悪いニュース」が殺到し、マーケットが即座に価格に反映させることで、金融崩壊がやってくるのだ、と（これはおおよそ、ファーマ自身が二〇一三年に議論したことである。）＊ この結論は、金融崩壊から大不況までの、一般的に受け入れられた一連の因果的説明と真逆である。

＊ファーマは将来の経済的見通しがこれほど劇的に悪化する理由を持っていないことを認めている。しかし付け加えて、自分はマクロ経済学者ではないこと、マクロ経済学はいつ景気後退が来るかを見定めるのが決して得

意ではないと述べている。John Cassidy, "Interview with Eugene Fama," *New Yorker*, January 13, 2010, http://www.newyorker.com/news/john-cassidy/interview-with-eugene-fama.

EMHへの過剰な信頼と、バブルや他の金融市場の病理についてのモデルを無視したことで、予測の広範な組み合わせを裏切ってしまった。金融市場が達成できるものに対する強烈な信仰が生まれた。市場は、たしかに社会進歩のエンジンとなりうる。それらはただ貯蓄と投資を効率的に繋ぐだけでなく、リスクを、最もそれを負うことのできる人に分配し、資力がないか信用履歴がないために以前には排除されていた家計に信用へのアクセスを供給することができる。金融イノベーションによって、ポートフォリオの所有者は最大のリターンを、最小限のリスクを取ることで得ることが可能になる。

市場は本質的に効率的で安定的なものと見なされるようになっただけでなく、自己規律的とも見なされるようになった。大銀行や投機家が詐欺師的行為を行えば、市場はそれを発見し罰を与える。間違った決定をして不適切なリスクを取った投資家は、市場からつまみ出される。責任を持って行動する投資家は、自らの賢慮から利益を得られる。連邦準備制度理事会の議長アラン・グリーンスパンは二〇〇八年の議会の委員会で贖罪し、当時広まっていた心情について多くを語っていた。「株主価値を守るのが貸出機関の自己利益になると考える人々は、私も含めて、とてつもなく不信な状態に置かれている。」[8]

一方で政府は、信用できないものだった。官僚機関や規制機関はどちらも特殊な利益に囚われているか、無能力である——時にはその両方だった。彼らが何もしないほど、結果はよくなる。そしてどの場合でも、金融市場は今やとても洗練されているので、それらを規制するあらゆる努力を無力にするほどだった。金融市場はいつも、規制をすり抜ける方法を見つけるだろう。政府は一歩下がって市場に従うよう強いられた。経済学者のこうした考え方は立法化され、金融規制緩和の大波が生じたが、それが危機の舞台を準備した。そして、政府内のトップの経済学者、ラリー・サマーズやアラン・グリーンスパンらによって共有されたこれらの見方が、傷つけられることはなかったのである。

まとめると、経済学者（そして彼らの意見に耳を傾ける者）は、その時に好まれていたモデルを過信していた。市場は効率的で、金融イノベーションはリスクとリターンのトレードオフを改善し、自己規制は最善に働き、政府介入は効果がない上に有害だ、と。彼らは他のモデルを忘れていた。ファーマが多すぎ、シラーが少なすぎた。専門職業としての経済学には問題なかったかもしれないが、心理学と社会学に関連した困難があったのだ。

作為の誤り――ワシントン・コンセンサス

一九八九年、ジョン・ウィリアムソンはワシントンDCで開かれたラテンアメリカの経済政策担当者向けの会議に招集された。ウィリアムソンは、ワシントンの国際経済研究所（今はピーターソン研究所と呼ばれている）の経済学者で、この地域の経済の長きにわたる観察者だった。彼はラテンアメリカに推奨すべき改革について、政策担当者の間で意見の際だった一致が見られたと記している。実際にこれと同じような項目は、世界銀行やＩＭＦ、シンクタンクや米政府の様々な経済機関のような国際金融機関で生まれていた。アメリカの大学で博士号を取った経済学者は、それまでにラテンアメリカの政府で重要な地位に就いており、彼らは急速に同様の政策を実行に移していた。会議に提出した論文で、ウィリアムソンはこの改革アジェンダを「ワシントン・コンセンサス」と名付けた。[9]

この用語は急激に広まった――そして独自の生命力を帯びるようになった。批評家が攻撃しているように、この用語は、途上国を教科書の自由市場経済の事例に当てはめる、野心的なアジェンダを意味するようになった。これは大げさかもしれないが、大意は正しく捉えている。このアジェンダは、これらの国の経済を政府規制の制約から解き放ちたいという衝動を反映していた。ラテンアメリカの政策エコノミストやワシントンにいる彼らのアドバイザーは、政府介入が成長を押しつぶし、一九八〇年代の債務危機を引き起こしたと確信していた。治療法は三つの言葉で要約される。「安定化、民営化、自由化」だ。ウィリアムソンはおそらく、彼自身のリストはもっと穏健な改革を描いていて、市場はあらゆる公共政策問題の解決となるという見解を意味する「市場原理主義」とは程遠いと何度も抗議するだろう。しかし、「ワシントン・コンセンサス」は時代精神と合いすぎるくらい合っていた。

ワシントン・コンセンサスの支持者——オリジナルのものであれ、拡張版であれ——は、それが良い経済だと述べる。彼らにとって、それらの政策は健全な経済学が教えるものを反映している。自由市場と稀少資源の効率的配分を可能にする競争だ。政府規制、貿易制限措置、国営企業は無駄を生み、経済成長を妨げる。しかし、これでは経済学の入門編で止まってしまっている。支持者はそのことを認識するべきだった。

一つの問題は、ワシントン・コンセンサスは、市場経済の深い制度的な基礎を無視していて、その基礎なしには市場志向型の改革から彼らの意図する便益を実現できないということだ。最も単純な例を挙げると、法の支配や契約の履行、適切な独占禁止規制がない状況では、民営化は競争と効率を促進するというより、政府と癒着した独占を生みやすくなる。制度の重要性が十分に理解されると、多くの国でワシントン・コンセンサスの政策に対する反応が良くないことから、改革の努力は制度を重視する方向に拡張された。しかし、輸入関税の引き下げや利子率の上限撤廃——この二つは同じアプローチだ――ということと、先進国が百年とは言わないまでも何十年もかけて設立した制度を、短期で樹立しようとすることは全く別物である。有益な改革アジェンダは現存の制度の下でも機能する必要があったのであり、希望的観測に引きずられるべきではなかったのである。

さらにワシントン・コンセンサスは普遍的なレシピを表していた。すべての途上国はほとんど似たような状況――同じような症状に悩まされ、分類されていない改革のリストを必要としている――にあると考えられていた。現地の状況はほとんど考慮されておらず、改革の緊急性や実行可能性に従って優先順位を付ける必要があるといった程度だった。多くの国で改革が失敗に終わると、支持者は本能的に、すでに行われている改革の微調整より、「やるべき」リストを拡張するほうに向かった。そのため初期のワシントン・コンセンサスは、追加的な手段が次々と加わるリストによって補完された。労働市場、金融スタンダード、ガバナンスの改善、中央銀行ルールなどである。[10]

ワシントン・コンセンサスの背後にいる経済学者は、自分たちが本来的にセカンド・ベストの世界の中で行動しているということを忘れていた。第二章で描いたように、市場が複数の不完全性に従属している環境下では、政策の効果についての通常の直観は全く人の判断を誤らせる。民営化、規制緩和、貿易自由化はすべて裏目に出る可能性がある。市場にある種の制約を設けることが望ましいこともあり得る。こうした環境下での政策改革は、セカンド・ベストの状況で生じる複雑性を考慮に入れたモデルが必要になる。

貿易の開放――ワシントン・コンセンサスの中心となる項目の一つ――がいかに作用したかについて考えてみよう。輸入障壁が削減されると、国際競争力のない企業は縮小するか倒産するため、放出された資源（労働者、資本、経営者）は経済の他の部門で雇用されなければならない。一方、より効率的な、国際的な競争部門は拡張し、それらの資源を吸収してより急速な経済成長の舞台を準備するだろう。この戦略を受け入れたラテンアメリカやアフリカ諸国では、この予測の最初の部分は広範に現れたが、二番目はそうではなかった。以前は輸入障壁によって守られていた製造業企業は、大変な打撃を受けた。しかし新規の、現代テクノロジーに基づく輸出志向産業の拡張は遅れた。労働者は、代わりに小規模な商売など生産性の低いインフォーマルなサービス部門に流れ込んだ。全体としての生産性は停滞したのである。

何が起きたのか？　現実の市場は多くの場合、期待通りには動かない。労働市場は、新規の、より効率的な部門へと労働者を急速に再配分できるほど柔軟ではない。資本市場は、輸出志向企業の創出を支援するのに失敗した。通貨は過大評価されたままだったので、製造業の大部分はグローバルな競争力を持てなかった。協調の失敗、知識のスピルオーバー、そして事業立ち上げにかかる高い費用は、潜在的な参加者を比較優位の新分野から閉め出した。そして政府は財政が火の車で、インフラへの投資や、成長産業に必要な支援を行えなかった。

ワシントン・コンセンサスの結果は、アジア諸国の経験とは鋭い対照をなす。後者はグローバルな関与の戦略を追求した。それは明らかにセカンド・ベストの策だった。早い段階で輸入を自由化する代わりに、韓国、台湾、後の中国は自前の製造業に直接補助金を出して輸出を後押しした。非効率な製造業企業は、初期の段階を通じて保護された。大量の失業者が、小売業のような、生産性の劣るインフォーマルな職業へとほぼ確実に流れ込んでしまうのを防ぐためである。これらの国々では、マクロ経済管理と金融規制が行われていたので、世界市場でも通貨は競争的であり続けた。これらのすべては、新しい製造業部門を育成し、経済の天然資源への依存を減らすための産業政策である。そして各国は自らの戦略を、一般性に拘ることなく、特殊な状況に応じて微調整したのだ。

アジアの経験と、その「非正統的」な政策の成功を観察した者の多くは、これらの事例で標準的な経済学の間違いが証明されたと結論づけている。この解釈は正しくない。アジアの経済政策の多くは、よく機能する市場についての経済モデルの光の下では意味が通らないというのは正しい。しかし、それらは適用するには明らかに間違ったモデルだった。中国や韓国の戦略の中に、それらの経済が直面するセカンド・ベストの状況が生み出す課題を理解したモデルによって説明できないものはほとんどない。[11]経済学者が、少なすぎる企業、高い参入障壁、乏しい情報、正常に機能しない制度など、低所得国の状況で、市場が現実に機能する——あるいは機能しない——現実に直面するとき、それらの代替的モデルが必須であることが明らかになる。

経済学者がワシントン・コンセンサスの論理を極端に推し進めたことで、巨大な打撃がもたらされたのが金融グローバリゼーションであった。ウィリアムソンが作成したもともとのリストには、国際資本移動の自由化は含まれていなかった。金融グローバリゼーションの利益には懐疑的だったからだ。しかし一九九〇年代半ばまでに、世界中で資本の自由移動の障害を取り除くことが、市場重視の経済学に残された最後のフロンティアになっていた。先進国クラブの経済協力開発機構（ＯＥＣＤ）は、資本移動の自由化を参加の前提条件にした。そして国際通貨基金（ＩＭＦ）の上級エコノミストは、自由な資本移動を組織の憲章に公式に記そうと試みた。

こうした推進の背後には、かつてＭＩＴの教授だったスタンレー・フィッシャーのような著名な経済学者の考え方が横たわっていた。フィッシャーは一九九四年、ＩＭＦに筆頭副専務理事として参加した。彼は、国境を越えた金融フローの自由化が不安定性を作り出すことをよく分かっていた。歴史に記録された金融自由化は、確かに、懸念すべき点を山のように示していた。直近の金融グローバリゼーションは戦間期——繰り返される金融恐慌と崩壊、市場心理の急変に由来する痛みを伴った経済の調整、マクロ経済変動の管理に課された厳しい制約——だったが、この時の金融過剰がケインズの心にあったので、第二次大戦後に資本規制を議論するようになったのである。

フィッシャーはそれらのリスクを見過ごしてはいなかったが、そのリスクは取るに値すると考えていた。自由な資本移動はグローバルな貯蓄の配分を大変効率的なものにしてくれるだろう。資本は余っているところから足りないところに移動するだろうし、そうなれば経済成長が促進される。貧しい国家の住民は、投資可能な資源の巨大なプールと、資産ポートフォリオを多様化させる外国の資本市場の双方にアクセスできる。その一方で、不安定性のリスクは進化したマクロ経済管理と強化された金融規制で減らすことができる。[12] フィッシャーは、資本移動の自由化で成功した途上国の体系的な証拠に乏しいことを自覚していたが、そうした証拠が出てくるのは時間の問題だと考えていた。

フィッシャーの暗黙の想定は、またしてもセカンド・ベストの状況の複雑さを割り引いていた。彼は国内のマクロ経済管理や規制の弱さが政府部門の十分な意思によって克服できると仮定していた。現実には、それらの変革は成し遂げるのが非常に難しいことが分かったのだが、その理由の一部は、経済学者がそのために何が必要なのかについてほとんど知らないことが分かったことにある。自由な資本移動は、国内のマクロ経済や金融のひずみを伴いながら、無情にも逆の結果をもたらすことが分かった。外国の資本市場へのアクセスで、国内銀行は短期の外国債券を大量買いするようになり、無思慮な政府は国内市場からこれまで行っていた以上の借入をするようになった。その帰結は、タイ、韓国、インドネシア、メキシコ、ロシア、アルゼンチン、ブラジル、トルコなど各地で痛みを伴う危機の連鎖となった。最終的にIMFは、資本移動の完全な自由化はすべての国にとって適切な目標ではないことを認めざるを得なくなった。[13]

別の問題もある。金融グローバリゼーションの擁護者の成長モデルでは、主たる原動力は貯蓄の供給者と投資可能な資金であった。このモデルでは、外国金融へのさらなるアクセスは国内投資に弾みをつけ、高い経済成長率をもたらすことになっている。しかし、外国金融に自国を開放した新興国では、投資も成長率も上がっていない。投資でも成長でもプラスの傾向が見られないということは、これらの国の多くで成長の制約が別にあるということだ。企業が投資しないのは金融から閉め出されていたからではなく、(数ある理由の一つであるが)彼らが高い収益を予想しなかったからである。増加する金融フローは、投資より消費を刺激した。加えて、自国通貨の増価で、資本流入は貿易財産業の収益性をいっそう悪くしてしまった。明らかに多くの途上国や新興国の市場経済にとってより現実を捉えている代替的モデルでは、自由資本移動は毒入りの贈り物となる。

いいニュースは、大半の経済学者がこの経験から教訓を学んだということだ。ワシントン・コンセンサスも金融グローバリゼーションも、足枷を外された市場の便益を売り込みすぎる普遍的アプローチへの過剰な熱意があったことについて、今では幅広い合意が存在する。現在では、すべての国に当てはまる政策の単一の組み合わせはないこと、国内改革は固有の環境に合わせて仕立て直されるべきことが、開発経済学者や金融の専門家、国際機関のほぼマントラのようになっている。共通の青写真は去り、モデル選択がやってきたのだ。

経済学の心理学と社会学

経済学の実践家が、これまで述べてきた不作為や作為の誤りに関与しやすくなる他の要因はあるだろうか。例えば、政治学者や人類学者は公の場で彼らの専門分野が実績を上げると主張するだろうか。私には分からない。一つ違うのは、経済学者は目立つということだ。多くの経済学者が公の場で活躍しており、政策のアドバイザーに召喚される。そのため彼らの失敗は、それが起きたときには、誰もが気づきやすい。何が経済学者を道に迷わせるのかは、じっくり考える価値がある。

はじめに、世論は経済学のあらゆる種類の見解に触れることは稀だということを認識しておく必要がある。大半の経済学者は自らを、科学者であり研究者であると見なしている。仕事は学術論文を書くことであって、最近の出来事をあれこれ話したり、特定の政策を擁護することではないと考えている。ジャーナリストと連絡を取り合ったり、議会を支援している経済学者は稀で、そうしろと言われても逃げ出す可能性が高い。彼らが公的問題に関わろうとする時は、自らの意見をたくさんの「仮に」や「ただし」で飾るが、聴衆には共感されにくい。経済学者の大半は典型的な象牙の塔の住人で、公共問題へのコメントには限られた経験しか持っていないことをすぐに認めるはずである——少なくとも、その問題についてさらに研究することがなければ。

声が大きい経済学者は強い信念を持っているか、推奨する政策に添えられた注意書きを故意に見落としているかのどちらかである。あるいは両方だ。明白な立場がある唱道者は、メディアやシンクタンク、政府の委員会などで自然に優位に立つ。時に彼らは成功した「政策起業家」となる。良い方向へ改善する人たちだ。電波オークションと航空規制緩和は、どちらも経済学者が政策担当者を説得して実現した。[14]他の事例では、これまで見てきたように、大々的に宣伝されたアイデアも疑わしく、唱道者の意見表明も懐疑主義的に見られるか、他の経済学者によって冷笑されることもある。なので、わざわざ公の場に出ようとする経済学者の評論家はほとんどいない。

ワシントン・コンセンサスの狂騒が頂点に達した頃、私は大学院生と一緒に論文を書いた。自由貿易を途上国の成長エンジンとして無条件に擁護することを批判する内容だった。[15]われわれが指摘したのは、通商政策と成長の関係はモデルによって、また国によって違うということだ。両者に一方向的な関係があるという強く斉一的な証拠はない。論文を発表した後、私は二種類の反応をもらった。ワシントン・コンセンサスを信奉する擁護者は、私が問題を混乱させており、自由貿易のよき理念に傷をつけたと考えた。しかし他の大多数は感謝の意を示してくれた。貿易自由化の推進は、経済学研究が支持できる範囲を越えて行き過ぎていると不満を抱いていたからだ。反応の第二のタイプは予想していなかった。というのも、それは立場を明確にしない人々によるものだったからである。彼らは〔行き過ぎた貿易自由化の推進に〕懐疑的であったにもかかわらず、声を上げないことを選んだのだ。したがって、世論へのメッセージは学界全体を代弁したものにはならない。そこでの見解は、実際のところ大幅に濁されているのだ。

経済学者が市場を信用しすぎて失敗する傾向にあるのは確かである。単刀直入に言うと、経済学者は市場について語るのが自らの専売特許であるかのように感じている。彼らは、市場がどのように機能するかを理解しているのは自分たちだと考えており、大多数の世論はそれを理解していないと恐れている――そしてこの想定はどちらも、大抵の場合正しい。経済学者は市場の失敗が無数の仕方で起こることを知っている。一方で彼らは、世論の関心がしばしば間違った情報に踊らされ、誇張され、正当化できないと考えており、そのため大げさに市場の防衛者となる。供給と需要、市場の効率性、比較優位、インセンティブ――それらは無知な大衆から守らなければならない経済学の王冠にはめ込まれた宝石なのだ。おおよそ、思考はそのように進んでいる。

公の場で市場の意義を唱えるのが、今日ではほとんどの経済学者の使命となっている。世論における経済学者の貢献はそれゆえ、教室での彼らの討論とは根本的に違ったものに見える。大学では、市場の弱点や政策的介入が物事をよくする方法について議論される。学界の評判は、市場の失敗についての新しく、想像力豊かな証明の上に打ち立てられる。しかし世論向けには結束して、自由市場や自由貿易を擁護するのだ。

この原動力は私が「野蛮人は片方だけにしかいない」症候群と呼ぶところのものから生じている。市場への制限を欲する者は、ロビイストやレントシーキングの集団や、またその同類を組織する。その一方で、自由な市場を望む者は、たとえ彼らが間違っている時でも、悪気がなく、それゆえ大して危険ではない。前者の言い分を取り上げると野蛮人に攻撃手段を与えることになるが、後者の側に立てば、最悪でも、巨大な結果を伴わない誠実さが生んだ過ちとなる。

そのため、立場を明確にするよう迫られると、たいていの経済学者は市場志向の代替案に一票を投じる傾向にある。この章のはじめで重要な経済学者の合意を示したリストを見れば分かる。[16] 全体のリストを構成する十四の項目のうち、明らかに政府の行動を支持するのは一つだけ、すなわち景気後退時の財政刺激を容認するというものだけだ。[*] 異なる種類の政策間での選択を反映したものはほとんどない。例えば、予算は単年度ではなく景気循環を通じた収支均衡を実現するべきだとか、現金給付は食糧の現物支給より好ましいとか、福祉システムは「負の所得税」（貧困家庭が政府から所得移転を受ける累進税制）に置きかえられるべきだとか、といったものくらいだ。推奨されるもののうち圧倒的大多数が市場に信を置き、政府介入には信を置いていない。

＊九十％の経済学者が次の命題に同意している。「財政政策（例えば、減税や政府支出の増加）は完全雇用が達成されていない経済で大きな景気刺激効果を持つ。」Greg Mankiw, “News Flash: Economists Agree,” February 14, 2009, *Greg Mankiw's Blog*, http://gregmankiw.blogspot.com/2009/02/news-flash-economists-agree.html.

市場に対する偏見なしに、経済学者がいつもモデルと世界の間の連関をうまく描けるわけではない。経済学者は同じような訓練を受けており、共通の分析方法を用いるので、彼らはギルドのように振る舞う。モデルそれ自体は分析や熟考や観察の産物かもしれないが、現実世界に対する実践家の見解はもっと経験的かつ試行錯誤的で、彼らの間での非公式の会話や社会経験の副産物だったりする。この種の反響室では容易に自信過剰に陥る――受け取られた知恵においても、現代的なモデルにおいても。一方で、ギルド的メンタリティは、外部からの批判とは隔絶し、影響を受けないということになりがちだ。モデルに問題があったとしても、経済学者としてのメンバーカードを持っている者でないと、そう言うことを許されない。外部からの異議申し立ては、彼らがモデルを理解していないがゆえに割り引かれる。学界では判断力より利口さが重んじられ、正しくあることより知的興味をそそるほうが優先される――それゆえ、学界の流行とファッションは自己修正的ではない。

これらの問題は、一度受け入れられた実践は経済学者にそのモデルが有用である条件について考えることを求めないという事実によって悪化する。あけすけに尋ねられれば、彼らは特殊な結果を生み出すのに必要なすべての仮定を詳細に述べることができる。これは結局、モデルの核心だ。しかし彼らに、そのモデルがボリビアとタイのどちらがより関連しているかを尋ねるか、それがケーブルテレビの市場とオレンジの市場のどちらに似ているかを尋ねると、彼らははっきりとした答えを生み出すのに悩むことになるだろう。この職業の標準は、モデル構築者に彼（女）が行っていることがいかに現実世界と関連しているかについての一般的な主張しか要求しない。モデルを特殊な環境に当てはめるのは読者かモデルの使用者に任されていて、そこにおいてモデルは現実をよりよく理解する手がかりになる。[*] これは、悪い実践の機会を増やす間違った要因だ。元々の文脈から引きはがされたモデルが、不適切な条件で用いられることがありうるからである。

＊イーストアングリア大学のロバート・サグデンが指摘しているように「経済学には……次のような信念があるよ

うに見える。モデル構築者は、そのモデルが現実世界について何を語っているかを明示的に明らかにする必要がないという信念だ。」Sugden, "Credible Worlds, Capacities and Mechanisms" (unpublished paper, School of Economics, University of East Anglia, August 2008), 18.

労働経済学や開発経済学のような分野では、ほとんどすべての経済学者はデータや現実世界の証拠と直接向き合って仕事しているのだが、逆説的にも問題はもっと厳しいかもしれない。根本のモデルがしばしば、始めの段階から特定されないままだからだ。分析の実証的性質は、すでに学んでいる以上のことを学んだと思わせるかもしれない。多くの実証研究者は彼らの仕事がモデルを必要としていないと信じている。結局、彼らは単純に、何かが働いているかどうか、AがBを引き起こしたかどうかを尋ねている。しかし、すべての因果関係の表明の背後には、何らかのモデルがある。例えば、もし高等教育が高い収入に帰結するなら、その理由は教育内容のおかげなのだろうか、それとも教育が熱心に働くインセンティブを提供して、それゆえに収入が増えたのだろうか？[17] これらのモデルについて明示的であることは、発見の性質をはっきりさせ、それに付随する特徴を強調する。ひとたびモデルが描かれると、われわれは発見が何に依拠し、発見を他の条件に外挿するのが容易かどうかが分かる。

見てきたように、今日の最も興味深い応用研究のいくつかは無作為のフィールド実験の形式を取っている。そこでは、研究者は特殊な政策的介入が意図した結果を生んでいるか（あるいは生んでいないか）を検証している。これらの実験は——ある特殊な状況の下で——現実世界がどのように動いているのかを直接証明しようと意図されたものだ。しかし、実験によって得られた知見が適用される具体的条件——介入に特に適した経済社会の特徴——や、適用を期待すべきでない具体的条件について、これらの実験は沈黙したままだ。それらは結果の一般化が容易であるかのような印象を生み出しがちであるが、実際には深く状況に依存しているのだ。

実践家にも、経済学者の専門家的バイアスにも不満を言うべきことは山ほどある。では、根本的な欠陥は、この学問分野が本質的に社会的現実を捉えることができないところにあるのだろうか。私はそうは思わない。

権力と責任

そもそも経済学者はなぜ教室を越えて権力を発揮できるのだろうか。理由は明白ではない。この分野に従事する人の大半が、調査論文を書くことでお互い満足していて、権力を持ちたいと願っていないからだ。

彼らの権力の二つの源泉は、お互いに少々緊張関係にある。第一に、彼らの学問領域は科学的な装いを持っている。それは公共政策の問題に有益な知識をもたらしてくれる。第二に、彼らのモデルは人々の意識に容易に入り込む物語を提供する。この寓話めいた物語はしばしば、耳障りのいい用語によって形成された道徳（例えば、「税はインセンティブを殺す」）を持っており、それゆえ明白な政治イデオロギーに同調する。第一章で説明したように、科学と物語の部分はつねに補完的だ。二つが並んで作用すると、経済学者の信念は公共の討論にとてつもない推進力を与えてくれる。

損失が発生するのは、経済学者が一つのモデルを唯一のモデルとして扱うようになった時だ。そうなると、物語はそれ自体で生命を持ち始め、生み出された条件を離れて一人歩きしてしまう。何にでも当てはまる説明は、代替案やもっと有益かもしれない物語の筋を見えにくくさせてしまう。幸いにも、解毒剤は存在する――経済学のなかに、だ。矯正手段は経済学者が演習室に戻って、経済学には他のモデルがあることを思い出すことだ。

以前の本〔『グローバリゼーション・パラドクス』〕で、私はイギリスの哲学者アイザイア・バーリンの有名な区別を引き合いに出して、経済学者の二つのタイプについて記した。国際経済学の専門家を念頭に置いたものだったが、そのアイデアはもっと幅広く適用できる。[18]「ハリネズミ」は一つの大きなアイデアの虜で――市場はベストな働きをし、政府は腐敗しやすく、介入は思わぬ面倒を招く――それらを何にでも適用しようとする。反対に「キツネ」は、大きなヴィジョンを持たず、世界についてのたくさんの異なった見方を持っている――そのうちのいくつかは矛盾さえしている。ハリネズミが問題をどう取り扱うかは、いつでも予測可能だ。解決はいつも自由な市場にあり、経済問題が置かれた状況は考慮に入らない。キツネはいつもこう答える。「すべては状況次第だ。」市場型の解決を提案することもあれば、政府の役割を強調することもある。

経済学は公の場で、ハリネズミの割合を小さくし、キツネの割合を増やす必要がある。経済学者が状況の変化に応じて一つの説明枠組から別の枠組に舵取りできるようになれば、もっとわれわれに正しい方向を示してくれるようになるはずである。

第六章　経済学と経済学批判

列車で旅行をしている経済学者と医者と建築家が、自分たちの内で最も尊敬されるべき職業は何かを議論している。医者は、神がアダムの肋骨からイブを創造したのだから、神は外科医に違いないと指摘する。建築家はその話に割り込んでこう言う。「アダムとイブが存在する前に、宇宙が混沌から生み出されなければならない。これは間違いなく建築家の偉業だ。」最後に経済学者はこう言う。「じゃあ、その混沌は誰がもたらしたんだと思う？*」

＊私はこのジョークを大学生のときにＢＢＣのラジオ番組で聞いた。これは経済学者であるＥ・Ｆ・シューマッハーが語った、彼ならではのジョークだった。経済学者に対する最も厳しい批判者は経済学者自身なのだ。

批判されることのない経済学は、王子のいない〝ハムレット〟のようなものだ。経済学が科学を僭称していることや社会科学の中で高い地位を得ていること、そして公の場における経済学者の影響力が、中傷者を引き寄せている。経済学者に対する批判者たちは、社会現象を還元主義的に扱うことや事実に基づかずどんな時も同じ主張をすること、社会的、文化的、政治的文脈を無視すること、マーケットやインセンティブといったものがあたかも現実に存在するように扱うこと、そして保守派のバイアスを持っていることを理由に、経済学者を非難する。私自身、この本で長々と経済学の持つ二つの弱点について自己批判してきた。一つはモデルを選択することに対する認識不足、もう一つは他のモデルを捨てて少数のモデルを重視しすぎることだ。経済学者が世界を混沌に追いやった事例はたくさんあったのだ。

しかし、この章では、幅広く展開されている経済学批判の多くは的を外していると論じようと思う。経済学はきわめて多様な可能性を許容するモデルの集まりであり、前もって決められた結論の集合ではない。ある論文で三人の批評家でもある経済学者が述べているように、経済学に対する世間の理解は、「経済学の中にある多様性や現在検証されている多くの新しいアイデアを見過ごす傾向にあり」、「経済学の主流派の一人と見なされている人が、必ずしも「正統派の」思考を持ち合わせていないことがありえる」という事実を見落としていることが多い。[1] 批判者は、お決まりの解決策や市場原理主義を説教する経済学者は、上で述べたこととは違うように行動していると指摘するが、確かに一理ある。しかし同時に批判者は、実際にそのようなことをする経済学者は自らの学問に背いているということも理解する必要がある。そのような経済学者は、外部者からの非難と同じくらい同僚の経済学者からも非難を受けているのだ。ひとたびこの点を認識すれば、よくある経済学批判の多くは無効で無価値なものとなるはずである。

よくある批判を再考する

これまでの章では、様々な形でなされている経済学批判の主要なものについていくつか述べてきた。経済学のモデルは単純すぎるという苦情について取り上げてみよう。このような反論は、分析というものの本質を誤解している。実際、単純さは科学の必要要件だ。すべての説明、仮説、因果関係の記述は理想化、すなわち重要な事柄に焦点が当たるように多くの事柄を除外した形で行われている。「分析（analysis）」という言葉自体が、複雑な事柄を単純な要素に分解することを意味するギリシャ語を語源としているのだ。この言葉は物事を結合することを示す「総合（synthesis）」の反意語になっている。このような単純化された要素がなければ、分析も総合もあり得ないのだ。

もちろん、単純であることと過度に単純化されていることは違う。かつてアインシュタインは「何事もできる限り単純化されなければならないが、必要以上に単純化されてはならない」と言ったとされる。複数の因果関係が相互に強く影響を与えあっており、それらを個別に研究することができない場合、モデルはその相互依存関係を含む必要がある。例えば、もしコーヒーの苗束に影響を与える胴枯れ病が、生産コストを引き上げると同時に主要なコーヒーの輸出業者たちによる価格維持協定を崩壊させる場合、供給ショックとカルテルの弱体化がもたらす影響を分けて分析することはできない。そのようなモデルは他のモデルより複雑なものになるだろう。しかし、そんな複雑なモデルでも社会の現実を詳細に示していると主張するにはほど遠いものでしかないだろう。もし、複雑さの必要性を提唱する人たちがこのようなことを理解しているのであれば、異議をはさむ余地はありえない。反対に、根底にある要素間の関係性が不明瞭あるいは明確に定義されていない場合、説明されようとしていることが、それほど単純な要素によって構成されていない場合、複雑さの追求はモデルを支離滅裂なものにしてしまうだけだろう。

以上に関連して、経済モデルは非現実的な仮定を用いるという批判についても考えてみよう。経済学の有罪は確定している。経済学のモデルに含まれている多くの仮定——完全競争、完全情報、完全予見——が真実でないことは明らかだ。しかし、第一章で説明したように、非現実的な仮定を含むモデルは、現実世界から厳重に隔離された条件のもとで行われる研究室実験と同じように有効なものとなりえる。両方とも、交絡要因を隔離することで、因果関係の証明が可能になるのだ。注意が必要とされるのは、重要な仮定――実質的な結果や検証されている問いに直接関連する仮定――についてである。真空から導かれた原理に基づいて、飛行機を作りたいと思ってはならない。

車に対する売上税がもたらす影響について考えてみよう。すべての車に一律に（定率の）税金が課されるときの影響を考察する場合、消費者が大型車と小型車をどれだけ同じようなもの（お互いに代替財となり得る）と考えているのかは、あまり興味深いことではない。そのため、これらのタイプの車を完全代替財と仮定してもよいだろう。しかし、もし高級車のみに課税されるのであれば、完全代替の仮定はもはや無害なものではなくなる。政府収入や車の売り上げへの影響は、経済学者が需要の交差価格弾力性（ある種類に分類される財の需要が他の種類の財の価格に対してどれほど敏感に反応するのか）と呼ぶものの大きさに大きく依存する。この弾力性が（絶対値で見て）高いほど、消費者による大型車から小型車への購入の転換が大きくなり、政府に徴収される税収は少なくなるだろう。経済学者は、自身が提示する処方箋が、より現実的な仮定の下でも成立することを確実にしなければならない。

個人を分析の単位としているため、経済学者は人々が行為を決める際の社会的要因や文化的要因の役割を無視していると批判されることが多い。社会学者や人類学者は、個人ではなく共同体や社会レベルで生じる結果についての説明を求めることが多い（経済学者が個々の人々の決定から集計成果を得ようとすることを好む傾向は「方法論的個人主義」と呼ばれており、マクロ経済学にミクロ的基礎付けを求めるのも同じである）。批判者たちが論じるように、文化的慣行や社会的規範は、特定の消費や行動に価値を与え、その他の事柄を非難するものであり、消費や雇用のような経済的な決定が伴うときでさえ決定的な役割を果たすことが多い。この考え方に従うと、経済学者が個々の家計や投資家による選択に固執するのは、選好や行動パターンが「社会的に形成される」、あるいは社会構造によって強要されているという事実をわかりづらいものにしてしまう。[2]

経済学者の最も基本的なベンチマークモデルが、人々の選好や制約の社会的そして文化的なルーツを無視しているのは確かである。しかし、これらの影響を含んだ上で含意を導き出すようにモデルを拡張することができないというわけではない。実際、経済学の意欲的な研究プログラムでは現にそのようなことが行われており、個々人の相互作用によって主体性や規範、文化的慣行がいかにして形成されるのかについて分析されている。[3] 人類に全く主体性がなくその行為が自分たちの支配下にない外部要因によって決定されていないのであれば、社会的現象の合理的な説明は個々人が選択した行動による現象と一致しなければならない。経済学者のモデルが、これらの決定がなされる際の（物理的、社会的、状況依存的）制約についての明確な考察に基づいている場合、この種の分析に十分に用いることができる。優れた社会分析の観点からすると、個人レベルと社会レベルの分析の対比は、大いに間違った不幸な二分法を生み出しかねない。

経済学者が示す解決法は、市場に基づいたものに偏る傾向があるのだろうか？　これもまた、有罪確定になるだろう。ただし、すでに示してきたように、この問題は経済学の学問としての実態よりも、経済学者が世に出る方法により多く関連している。今日、研究者としてのキャリアは、いかに市場が機能するのかを示すことではなく、アダム・スミスの見えざる手の教義に対する興味深い反例を生み出すことによって作り出されている。読者にとっては驚くべきことかもしれないが、学界で最も大きな声で自由貿易を提唱しているジャグディーシュ・バグワディは、貿易自由化が国家の直面する状況をいかに悪化させるのかを示した一連のモデルによって、学問的な名声を得ているのだ。[*] 経済学者の偏向に対する批判の解決策は、経済学を作り直すことではなく、すでに公の議論に出てきているモデルの多様性をうまく反映することである。

＊ジャグディーシュ・バグワディは一九八〇年代以降ずっと精力的な自由貿易の提唱者だった。初期の学術的著作は、開放経済で生じた経済成長が、輸出入財の世界価格の大幅な変化を通じて、その経済に損失をもたらす可能性があることを示したものだった。また、彼は市場の歪みの存在や必要とされる政策対応について長い間分析しており、広範な条件の下でレッセ・フェール（自由放任）は最適な状態ではないことを示してきた。Jagdish Bhagwati, "Immiserizing Growth: A Geometrical Note," *Review of Economic Studies* 25, no. 3 (June 1958) : 201–5; Bhagwati and V. K. Ramaswami, "Domestic Distortions, Tariffs and the Theory of Optimum Subsidy," *Journal of Political Economy* 71, no. 1 (February 1963) : 44–50.

次に、経済学者の理論は適切に検証することができないという批判がある。実証分析は決定的な結果を与えるものではなく、それによって誤った理論が排除されることは滅多にない。経済学は、一連のモデルが好まれたと思えばまた別のモデルが好まれるというようにゆらゆらと揺れ動いており、その原因も実証分析によって示された事実であることは少なく、むしろ好き嫌いやイデオロギーによるものであることが多い。経済学者が自らを社会という世界における物理学者と見なしているのであれば、この批判は意味がある。しかし、前にも述べたように、自然科学との比較は誤解を招く。経済学は社会科学であり、普遍的な理論や結論を探求するのは不毛なことなのだ。モデル（あるいは理論）はせいぜい状況に応じて有効なものでしかない。普遍的な実験検証や反証を期待しても、あまり意味はない。

経済学は、潜在的に適用可能なモデルの集まりに、過去のモデルが見落としていたか、あるいは無視していた社会的現実を捉えた新しいモデルを加えることによって進歩する。新しい状況に遭遇した経済学者の反応は、その状況を説明するモデルを考えることだ。また経済学は、より良いモデルを選択する――モデルと現実世界の状況をより良く適応させる――より優れた手法が見つかることによっても進歩する。第三章で説明したように、これは科学というより技芸に近いものであり、注目されていない経済学の価値なのだ。モデルを扱うことの利点は、モデル選択の際に必要とされる諸要素——重要な仮定、因果関係の経路、直接的・間接的な含意——がすべて明白で誰の目にもわかることにある。これらの要素があることで、経済学者がモデルと現実の状況が一致しているのかを、たとえ正式な検証や決定的なものでなく、略式で示唆的なものであったとしてもチェックすることが可能になる。

最後に、経済学は予測に失敗していると非難される。神は、占星術師の見栄えをよくするために経済予測の専門家を創り出した。これはジョン・ケネス・ガルブレイス（彼自身も経済学者である）による皮肉だ。近年起こった証拠物件Aは、世界金融危機だ。これは、大多数の経済学者が、マクロ経済と金融は今後ずっと安定すると思い込んでいたときに発生した。前章で説明したように、このような誤った認識は、経済学によくある盲点、すなわち一つのモデルを唯一のモデルと間違えたことによって生じたもう一つの副産物だった。逆説的だが、経済学者が自身のモデルとより真摯に向き合っていれば、金融革命や金融グローバリゼーションがもたらす結末について自信が持てなくなり、その結果金融市場が引き起こす損害に対してもっと懸命に備えていただろう。

しかしながら、どのような社会科学も、予測を行ったり、予測の基礎となる判断をしたりするべきではない。社会生活の動向を予測することはできない。社会の推進力として作用しているものが多すぎるのだ。モデルの言葉に置き換えると、これまでにまだ構築されていないものも含めて、未来にはたくさんのモデルがあるのだ！　経済学やその他の社会科学に期待できることは、せいぜい条件付きの予測をすることだ。つまり、その他の要因がそのまま一定である状況において、個々の変化から一つを選び、それがもたらすであろう結果をわれわれに教えてくれるということである。優れたモデルとはそのようなものだ。そのようなモデルは、ある程度大規模な変化がもたらす結果や、いくつかの要因が他の要因を圧倒するほど大きくなるときに起こる影響の目安を提供してくれる。大規模な価格操作は欠乏を生み出すだろうということや、凶作によってコーヒー価格が上昇するだろうということ、平時に中央銀行が貨幣を大量に供給するとインフレが生じるだろうということについて、われわれは十分確信できる。ただしこれらの例は、「その他すべてのことが同じ」ということが妥当な場合に成り立つ想定であり、そこで生じる予測は条件付き予測といったほうがふさわしい。問題なのは、妥当と考えられる多くの変化のうち、どれが実際に発生するか推測することや、それらが最終的な結果に対してどれほどの重みを持つのかについて、ほとんど確信を持つことができないということである。そのような場合、経済学には自信よりもむしろ注意深さや謙虚さが求められる。

この章の残りでは、これまであまり多く語らなかった他の二つの重要な批判について取り上げてみたい。一つ目は、経済学は主観的な価値判断にあふれており、経済学が科学分析として行っているものの多くは、実際には市場に基づく社会への規範的な選り好みを単に述べているに過ぎないという批判についてである。二つ目は、経済学は多元主義を妨げ、新しい手法やアイデアに敵意を持っているという主張について、検証してみたい。

価値観の問題

経済学のほとんどのモデルは、個人は利己的に行動すると仮定している。彼らは自身の（ことによると自分の子供たちの分も）消費可能性を最大化しようと行動し、他人に何が起こるかを気にかけることはない。多くの状況において、このことは十分現実的なものだ。これと正反対に人々が完全に私心なく行動すると仮定することは意味をなさないだろう。そして、ある程度の利他主義や気前の良さを考慮に入れたとしても、得られる結果の多くは実質的に変わることはないだろう。

このような純然たる仮定を緩め、利他主義やその他関連する行動も同様にある程度許容している研究はかなりある。いくつかの状況――例えば、慈善活動や総選挙における投票――では、利己的なものとは別の追加的な動機が現在起こっていることを理解するうえで必要不可欠なものになっている。にもかかわらず、利己的な行為は経済学におけるベンチマークとなる仮定を形成していると言ってもいいだろう。しかし、モデルは何が起こるべきかではなく、実際に起こっていることを描写する手段である。この種の分析に価値判断は入っていない。

もしかすると、経済学の最高の業績である見えざる手の定理の存在が、利己心を表すことに対して経済学者が無頓着で寛容になっている原因なのかもしれない。何といっても、この定理の重要な知見は、利己心が結果的に公共目的の実現につながり得るということにある。利己的な人々の集まりが、必ずしも経済や社会の混乱を生み出すわけではない。社会全体の視点から見ると、ある集団の物質的利益の追求への対抗策は、その他多くの人々による物質的利益の追求である。自由で邪魔の入らない競争は、それがなければ起こっていたかもしれない病理を打ち消してくれる。

このことを適切に示す例として、米国の制度設計が挙げられる。ジェイムズ・マディソン、アレクサンダー・ハミルトンなど、アメリカの連邦制度を支持した人々は、政治制度は組織化された圧力団体の私利私欲の真っ只中で運用されるものだと考えていた。それゆえに、彼らは制度を権力の抑制と均衡（チェック・アンド・バランス）を伴うように設計した。連邦の壮大な規模に加えて、権力の中枢の分散と各部門に課される制約によって、どれか一つの党派が支配的地位を得るのを防ぐことができると考えられた。アメリカの政治で、利己主義を祭り上げたとしてフェデラリストを批判することは公平を欠くだろう。彼らは、あくまで利己主義がもたらす帰結に対処しようと考えていたのだ。同様に、利己的な消費者が生息するモデルを用いる経済学者は、道徳的な支持を与えているわけではない。そのような消費者が同じように利己的な企業と市場で相互に影響を与え合うときに何が起こるのかを描いているだけなのだ。

しかし、経済モデルにおいて利己主義が果たすベンチマーク的な役割は、利己主義を支持する規範的偏向を生み出すのだろうか？　利己主義のベンチマーク的役割が、そのような行為を「標準的なものとして」（利己主義を規範として）その他のより社会的志向を持つ行為を押しのけているのではないかと問うことはできる。経済学を専攻している大学生が、他分野を専攻している学生に比べてより利己的に行動する傾向にあるとわかったことが、このような関心を一層強いものとした。彼らの行動は、囚人のジレンマのようなベンチマーク的な経済モデルにより一致するものであった。一部の人々は、この結果を、経済学を学ぶことによって人々がより利己的になることを示す証拠と解釈している。

実際、この調査結果は別方向からの仮説を指摘している。それは、特定の学生が他の学生に比べて経済学を学び始める傾向にあることだ。イスラエルの学生に対する調査によると、経済学を学ぶ学生と学ばない学生との間の価値観の差は、前者のグループが経済学の履修名簿に登録される以前にすでに生じていたことがわかった。スイスでの調査は、経済学専攻に進もうとするある種の学生（ビジネスに力を入れている学生）は、大学入学時点で貧しい学生のための基金に寄付をしない傾向にあったが、その傾向は経済学を学ぶことによって変わることはないことを明らかにしている。[4] そうすると、経済学が異なる種類の学生――より利己的な学生――を引きつけるということが事実なのかもしれない！　経済なので、経済学が何らかの理由で人々を利己的にするという批判を裏付ける証拠は乏しい。

経済学のモデルでは利己心が前面に押し出されているため、経済学者は公共の問題に対してインセンティブに基づく解決方法を提示する傾向がある。気候変動や炭素排出量の扱い方についての問題について考えてみよう。世論はいろいろ分かれているが、経済学者の意見はほぼ一致している。経済学者が薦めているのは、炭素税や、それとほぼ同様な方策である生産者間の排出枠取引を伴う炭素排出枠の割り当てである。* 両者はともに炭素排出をより高価なものとし、そうすることによって炭素を排出する企業が利潤を獲得しづらくすることを目的としている。経済学者にとって、このような政策は炭素排出の限界効果に影響を与えているために正しい。企業は自らの行動が環境に及ぼす影響に対する配慮が欠けているため、炭素に対して料金を支払わせることによって企業に炭素排出がもたらす外部費用を「内部化」するように強いることが正しい対応となる。

*これら二つの政策は、完全情報の世界では全く同じものになる。しかし、不確実性が存在する場合、これらの政策は異なる結果をもたらす。

このような解決策は、経済学者以外の大多数の人にとっては納得できるものではない。そのような策は道徳的責任――汝環境を汚すことなかれ――を費用便益の計算に置き換えているように見える。さらに、炭素税や排出枠取引は汚染を合法化していると言う人もいる。企業に対して料金を払う限り炭素を排出して気候変動に貢献してもOKと言っているように見える。ハーバード大学の政治哲学者であるマイケル・サンデルは、経済学が公共文化に及ぼす有害な影響に対して、近年声高に批判している。サンデルは次のように語っている。

人生の良きものに対して値段を付けることは、それらを堕落させる。なぜなら、市場は財を配分するだけではないからだ。市場は、交換される財に対するある種の態度を表明したり促進したりするからだ。本を読む子供に金を支払えば、子供により多くの本を読ませることができるかもしれないが、それと同時に子供たちに読書を本質的な満足感を与えてくれるものというよりもむしろ面倒な作業と見なすように教えてしまう。われわれの戦争のために外国から傭兵を雇えば、市民の命は危害から救われるが、それと同時に市民権の持つ意義を空洞化させてしまう。[5]

言い換えると、市場やインセンティブへの依存は、社会的目的を害する腐敗した価値観を助長するというわけである。

経済学者は、排出抑制のような目的を、道徳上の問題としてではなく実効性に関する問題として考えていると返答するだろう。倫理的な勧告は立派だが、役に立つのはインセンティブだ。もしそれが支持されなければ、経済学者は経験に訴えかけようとする。彼らはこう言うだろう。「よろしい。例えばわれわれは原油価格が上昇したときに企業がその使用を減らすことを示すたくさんの研究を提示することができる。では、倫理的な勧告によって炭素の排出を減少させることに成功した事例を示してもらえないだろうか？」

経済学者の本能は、世界を人間の利己的行動も含めて所与のものとして捉え、認識された制約の中の解決法を設計する。正確に言うと、このことは価値観や倫理観ではなく経験的事実の問題だと経済学者は論じるだろう。そのため、経済学者はインセンティブに基づかない解決法をあっけなく鼻で笑うし、もし反論として一理あると思わせる実例が出現する場合は、経済学者はそれを進んで認めようとする。

第二章ですでに述べたように、現実生活における思いがけない経験は、経済学者の間で大きな騒動を引き起こす。イスラエルの保育園では、子供を迎えに来る親の遅刻を減らすために、時間に遅れた親に対する罰金制度を始めた。この施策は、もしその行為を抑制したかったら、その行為を行う個人にとってそれがよりコストのかかるものにしなさいという、経済学者が薦めるような方策に一致していた。実際に起こったことは、すべての人にとって驚きの結果だった。罰金が制定されてから、なんと遅刻は増加したのだ。どうやら、料金が生じたので、親たちは遅れて迎えに来てもOKになったと感じたようだ。以前であれば親たちの行動を抑制させていた道徳上の禁止事項が、金銭的な罰則が始まったとたんに緩んでしまったのだ。あるいは、経済学的な用語に置き換えると、遅刻に対する道徳的なコストが低下したかあるいは消えてしまったのかもしれない。経済学者のサミュエル・ボウルズが指摘するように、これはいかにして物質的なインセンティブが道徳やその他の関連行為を押しのけてしまうことがあるかもしれないことを示す例である。[6]

経済学者にとっての教訓は、人間の行動（あるいは費用と便益）について、最も単純なモデルで用いているものよりも、より多様なパラダイムが必要とされることがあるということだ。経済学者は、ベンチマークとなるモデルが誤っていることを示す実例が存在する限り、よろこんでそれらの事柄を思考に取り入れたり、必要とされる修正を施したりするのが普通だ。この場合がまさにそれだ。しかし、経済学者は、このような拡張を道徳的な用語ではなく適用可能性と実効性に関する術語を用いて行い続けるだろう。例えば、イスラエルの保育園からの教訓は、炭素抑制についてもあてはまるのだろうか？　気候変動を緊急事態と見なす道徳的宇宙で、炭素税によって大きな影響を受ける発電設備が稼働していることは現実的だろうか？　公教育キャンペーンや意識高揚、あるいは倫理的な勧告が炭素排出に大きな影響を与える可能性はあるのだろうか？　経済学者にとってこれらのことは、道徳的な問題ではなく実証的な問題なのだ。

市場の存在が「市場価値」を作り、市場で交換できない物を交換させるようになるという、サンデルのより広義な非難についてはどうだろうか？「われわれは、ほぼすべてのものが売り買いされる時代に生きている」とサンデルは書いている。彼が言うには、すべてのものが「売りに出されている。」炭素排出料に加えてサンデルが引用する例には次のようなものがある。サンターナで独房をアップグレードする料金は一晩九十ドル、ミネアポリスやその他の街で一人しか乗車しない自動車が二人以上乗車する車の専用車線（the carpool lane）に立ち入る料金は八ドル、インドの代理母の料金は八千ドル、絶滅危惧種のクロサイを狙撃する権利の料金は二十五万ドル、医者に直通できる携帯番号の料金は千五百ドルなどだ。[7] サンデルにとって、これらの例やその他の例は、われわれの社会生活において市場価値の果たす役割が増えていることを示すものとなっている。

しかし、これらの市場価値とは何なのだろうか？　その根っこにあるものは、実際にはたった一つのこと、すなわち効率性だ。経済学者が市場――よくある不完全性が存在せず、うまく機能する市場――について主張できることは、他者を貧しくすることなく人々を豊かにする実現可能な方法がないという厳密な意味で、市場は効率的な資源配分をもたらすということだけだ。経済学者が市場の公正さ、正義や道徳的価値について、経済学に適切に基づいたより広範な議論をしようとすることは、単なる越権行為なのだ。

もちろん、市場と効率性の結びつき以外に、個々の経済学者が市場に別の価値を加えることができないわけではない。例えば、経済学者が、個人的な価値観からリバタリアンの信条――誰とでも商売することのできる自由はは奪されるべきではないという見解――を理由に企業活動の自由を提唱するかもしれない。しかし、このような信念は経済学とは違うところから生じるものだ。そのような経済学者の主張は、建築家や医者の信念と同じくらい信用できないものだ。しかし、そのことは、特定の場合に市場への介入を減少させることによって効率性以上の便益を生み出すことがあるかもしれないという、具体的な事例に基づいた主張を否定するものでもない。例えば、経済学者は、途上国における燃料補助金の撤廃が効率性と分配上の公平性をともに改善するだろうと論じることが多い。その理由は、補助金は燃料の過剰消費（非効率性の源）の原因となるだけでなく、その便益を得るものの大半は富裕層（補助金の付いた燃料の主要な利用者）であるからだ。しかし、そのような議論はケース・バイ・ケースに基づいて実証的に展開されなければならない。

効率的であることは良いことなのだろうか？　そう、そのとおりだ。選択可能な社会状況を比較するときに、効率性は考慮に値する事柄――価値――だとわれわれは躊躇なく言うことができる。もちろんそれだけではない。公平性は効率性と競合するもう一つの価値であり、その他関連する社会的責任のある行動に内在する本質的な倫理的価値も同じだろう。時おりこれらの事柄は効率性と同じ方向に動き、そのことによって市場に対する支持を強めることがある。そうでない時は、対立関係やトレードオフについて考察する必要があるかもしれない。市場において何を売るべきで何を売るべきでないのかということは、最終的には、様々な側面からのトレードオフを評価することによって決定される問題だ。その結果、コミュニティによって違う答えにたどり着くだろう。そして、同じコミュニティの中でさえも時の流れとともに答えは変わっていくかもしれない。もう一度言うと、経済学者はそれらのトレードオフに関する特別な専門的知識を持っているわけではない。経済学者ができることは、せいぜい役立つ情報を提供することとくらいだろう。

例えば、一人しか乗車しない車両の運転手が二人以上乗車する車の専用車線に入る際に料金を課すという制度の検討に、経済学者は貢献できる。経済学者は最も追加料金を払いそうな乗り手のタイプや（目的地に早く到着することによって）恩恵を被った乗り手から得ることのできる収益、高速道路の運営機関が生み出す資金やその実現可能な使い道、見込まれる二人以上乗車する車の専用車線の混雑費用の負担配分（誰がどれだけ払うのか）などについて、経験に基づいた推測を行うことができる。これらの問題に関する経験的証拠によって、最終的にすべてを考慮すると料金オプションは望ましいという見解を大半の人々が持つかもしれない。同じような分析をすることによって、例えば独房のアップグレードについては反対の結論に至るかもしれない。どちらの事例でも、効率性以外に考慮に値する複数の論点があることを認めることなく、経済学者が全般的な解決法として市場オプションを提唱することは正当化されないだろう。

サンデルのために公平を期して言えば、彼の議論は筋違いな反論ではない。実のところ、経済学者は軽率にも実際に経済学に免許が与えられている範囲を越えた主張をしている。前章で述べた、経済学者の大多数が同意している事柄について書かれたリストを思い出してほしい。それらの多くは暗黙の価値判断を伴うものである。経済学者が、外国との貿易は制限すべきではない、アウトソーシングを禁止するべきではない、農業補助金は撤廃するべきだと言う場合、効率性という根拠だけでは評価できないものについての判断を下しているのだ。これらのことすべてに、正義、倫理、公正さ、そして分配の問題が複雑に絡み合っている。もし便益を得るのが主に資産家であり、損失を被るのがわれわれの社会で最も貧しい労働者である場合、自由貿易を強要することは常に公正と言えるだろうか？労働者が基本的権利を持っておらず、危険な労働環境でせっせと働いている貧困国からアウトソーシングの便益を得ることは公正と言えるのだろうか？　これらのことに同意する経済学者の九十％以上は、これらの問題に気付いていないか、効率性についての考察に意識的に組み込んでいるかどちらかに違いない。どっちであったとしても、それは問題だ。効率性に及ぼす影響が例外なく容易に予想できる――そして前章で私が出した懸念を軽視することができる――と仮定できたとしても、経済学者は、確実にこれら特定の領域において行き過ぎたことをしているのだ。

経済学の教育課程では配分の効率性というレンズの他に選択可能な社会状況を評価する手段が与えられていないので、経済学者は公共政策への意見を求められる際に、常にこのような間違いを犯しがちだ。彼らは他の社会目標と効率性を簡単に融合させてしまう。有力な反論を受けると、経済学者はしっぺ返しを食らい、自分たちが明らかに自らの専門領域を踏み外していることを思い出すだろう。同様に、政治家やその他の政策立案者が自らの利益のために主張することの多くが経済学では完全に正当化されることはないということを、経済学者は公衆に気付かせなければならない。

市場に利する最も古く有力な非経済学的議論に、市場活動への従事によって人間の気質が穏やかになるというものがあった。アルバート・ハーシュマンが重厚な著書『情念の政治経済学』でわれわれに思い出させてくれたように、十七世紀後半から十八世紀の思想家は、利潤追求動機は、暴力や他者の支配への衝動のような根本的な人間の動機に対抗するものだと論じていた。"doux"という用語（「穏和」を意味する）が「商業（commerce）」にしばしば付け加えられたのは、商業活動は上品で平和的な交流を促進すると示すためだった。よく知られているように、モンテスキューは「習俗《マナー》が穏和な場所では必ず商業が行われている。そして商業が行われている場所では必ず習俗は穏和になる」と述べた。デイヴィッド・リカードの祖父であるサミュエル・リカードが指摘したように、商業があるおかげで、人々は思慮深さ、誠実、深慮のような美徳を得ようとする。信用を失いスキャンダルの的にならないよう、悪徳を捨て去るのだ。このようにして、利益は人々の激情をなだめうる。[8]

これら初期の哲学者たちは、効率性を高めたり物的資源を増やすためでなく、より倫理的で調和のとれた社会を生み出すために、市場の広がりを奨励した。それから三世紀経った後に、多くの人々が市場を道徳の腐敗に関連付けるようになってしまったのは皮肉なことだ。ちょうど現代の市場に対する支持者が効率性の限界を見逃しているのと同様に、もしかして批判者は市場に協調の精神に貢献する側面があることを軽視しているのかもしれない。

多様性の欠如

経済学について最もよく聞く不満の一つに、経済学は部外者を避ける同好会のようだというものがある。批判者によると、この排他性によって経済学は狭量なものとなり、経済学に対する新しく代替的な見方に閉鎖的になってしまっているというのだ。彼らが言うには、経済学はより包括的に、より多様に、そして異端の手法もより歓迎するべきなのだ。

このような批判は、学生がよく言うものだ。その理由の一つに経済学の教育法がある。例えば、二〇一一年秋に、ハーバードの有名な経済学入門コースであるeconomics10、これは同僚のグレゴリー・マンキューが教えているのだが、その授業を一部の学生がボイコットしたことがある。学生が不満だったのは、コースの内容が経済科学の振りをした保守派のイデオロギーの宣伝であり、永続的な社会格差を助長するものだということだった。マンキューは抗議した学生を「見識が足りない」として退けた。彼は、経済学はイデオロギーを持っておらず、政策に関する結論をあらかじめ決めずに理路整然と考えて正しい答えにたどり着けるようにするための単なる道具にすぎないのだと指摘した。[9]

二〇一四年四月には、「金融危機以後の経済学を考える会」を名乗るマンチェスター大学の学生グループが経済教育の抜本的改革を唱えた六十ページの声明書を出版した。その報告書は、イングランド銀行の高官であるアンドリュー・ハルダンによる序文を含んでおり、その他多くの経済学者から拍手喝采を受けた。その報告書は、経済学教育は範囲が狭すぎると批判し、より幅広い多様性と倫理、歴史、政治の観点を導入することを論じていた。学生たちは、標準的な経済学パラダイムの独占が

「有意義な批判的思考」を妨げ、それゆえに経済学そのものを有害にするのだと書いたのだ。*

* *Economics, Education and Unlearning: Economics Education at the University of Manchester*, Post-Crash Economics Society (PCES), April 2014, http:// www.post-crasheconomics.com/download/778r. オックスフォードの経済学者サイモン・レイ・ルイスは、学生の批判について、どこが正しくてどこが間違っているかに関する優れた議論を "When Economics Students Rebel," *Mainly Macro* (blog), April 24, 2014, http://mainlymacro.blogspot.co.uk/2014/04/when-economics-students-rebel.html.) で行っている。

経済学の中に明らかに多様なモデルが存在していることを考慮した場合、これらの不満についてわれわれはどう理解すればよいのだろうか? 学生たちの視点からわかる問題点は、経済学の入門コースで教えられていることの多くは、市場に対する賛歌であるということだ。入門コースでは、学生たちが進学してより専門的な経済学のコースを多く履修しなければ目にすることがないような経済学における多様な結論が、ほとんど意識されることはない。経済学の教授は偏屈で観念的だと非難される。なぜなら、経済学の教義を外部の人々に伝えようとするときに、経済学者は自分で自分の首を絞めているからだ。自らの学問が提供するあらゆる種類の考え方の一端を提示する代わりに、彼らは一連の結論を強調するベンチマークモデルに焦点を当てる。このことは特に入門コースで当てはまっており、そこでは教授が熱心になって市場がいかに機能しているのかを示そうとしている。オックスフォード大学の経済学者サイモン・レイ・ルイスが指摘するように、「よく行われている経済学の教え方で悲しむべきは、[経済学の中で]起こっている興味深いことの多くを学生はわからないことにある。」[10] 異なった視点を求める学生を非難することができるのだろうか。

私自身は、経済学者の一般的な通念をよく馬鹿にしてきたが、私の経歴に明らかかな打撃は生じなかった（少なくとも私はそう思っている！）。私は、多くの非経済学者ほど過激ではないかもしれないが、経済学の中では異端とみられることが多い。ハーバードの同僚の経済学者は、私に会うといつでも「革命はどんな具合に進んでいるんだい」とあいさつしてくる。しかし、私が著作の多くで世間に普及している学問的見解とは異なる政策的結論に至っているときでさえ、学界で差別されていると感じたことは実際に一度もなかった。私の研究論文が、ジャーナルの編集者や私の同僚から、彼らの描く結論と違うという理由で厳しく審査されたことがあったとは思わない。

結論に関する多様性だけでなく、手法に関する多様性もある。広く行き渡っている慣習と大いに異なる手法を許容する学問分野はなく、経済学では学問上うまく機能するとされているやり方を冒瀆する人々が許されることはない。野心のある経済学者は、明確なモデルを構築し、適切な統計手法を用いなければならない。これらのモデルは、広範囲にわたる仮定を伴うものだろう。ここにそれらの仮定を書く余裕はないが、それがなければ新奇な、あるいは型破りな結論にたどり着くことはないだろう。しかし、すべての仮定が等しく認められるわけではない。このことは、経済学では、ベンチマークとなる仮定からの逸脱が大きくなるほど、その逸脱が必要であることを正当化し興味を持たせるための負担が大きくなることを意味する。

経済学内部の人間であり、その業績を真剣に取り上げられるべき人と見なされるためには、これらのルールに従って作業しなければならない。もし、私の業績が経済学の中で認められているとしたら、それはルールに従っていたからだ。私がそうするのは、ルールが私に資格証明書をもたらしてくれるからではなく、それを用いたほうが便利ということをわかっているからだ。しかし、それらのルールは、私が奇抜な結論を生み出すような分析に対する関心や方向性を追求することを妨げるような制約ではなかった。

そう、経済学は手法の多様性については限られた余地しか与えていない——それは許容されている政策決定の多様性に比べればかなり狭いものだ。大半の経済学者は、このことはいいかげんな考察や不十分な実証データからの防御になるので、よいことだと言うだろう。他と比べて明らかに優れている手法はある。原因と結果のつながりを明示的に証明する形式的枠組は、相互作用について様々な解釈を残すような日常言語による説明よりも優れている。経済学者が市場競争、調整の失敗や囚人のジレンマについて語るときに用いるような、個々の登場人物の行動を分析することによって社会現象を説明するモデルは、行為者の動きが定型化されていない社会動向に依ると述べるモデルよりも優れている。因果関係や「欠落変数バイアス」の問題に注意を払う実証分析は、それを行わない実証分析よりも優れたものだ。

人によっては、これらの制約は、新しい考えを押しのけるある種の方法論上の拘束服を意味している。しかし、専門家が仕事をする際に従っているルールの厳格さを誇張するのは簡単なことだ。[*] 自分の経験について言うと、三十年足らずの期間で経済学が大きく変貌していくのを、私は見てきた。

＊部外者による経済学会についての比較的洗練された説明でさえ、一般的に学問の厳格さが誇張され、時とともに変化する可能性については控えめに述べられている。例として、Marion Fourcade, Etienne Ollion, and Yann Algan, *The Superiority of Economists*, MaxPo Discussion Paper 14/3 (Paris: Max Planck Sciences Po Center on Coping with Instability in Market Societies, 2014) を見よ。この論文では、私が以下で引用する多くの変化が起こっていることを引用しているにもかかわらず、この学問の同質性を強調しているのだ。

私が一九八〇年代半ばから大学院で力を入れた分野について考えて見よう。私が受けた試験は、経済発展論、国際経済学、産業組織論の三つだった。これらの分野すべてで、劇的な大変革が起こった。最も重要なものは、これらすべての分野では理論的な問題よりも実証的な問題が優位な地位を占めるようになったことだ。私が学位論文を作成していた当時、これらの分野で最も優れており輝いていたのは、経済における特定の一面に光を当てることを試みた数理モデルを生み出す応用理論であった。実証は、モデルの動機として用いられており、時にはモデルから得られた結果を支持するために用いられることもあった。しかし、実証分析に仕事の大部分をささげるということは普通ではなかった。気の利いた考えを持たず理論を扱う技術もないほんのわずかな学生だけが、あれやこれやのモデルを実証的に検証しようとしていた。

今日では、これら三つの分野のうちの二つ――開発経済学と国際経済学――では、厳密な実証分析をいくつか含めないと、論文がトップ・ジャーナルに掲載されることは事実上不可能となっている。これら二つの分野ほどではないが、産業組織論もまた実証主義の様相が強まっている。さらに、実証分析に対する許容範囲も変化し続けている。今現在、学界標準とされるためには、データの質や実証的根拠からの因果推論、そして様々な統計上の落とし穴により多くの注意を払うことが要求されている。概して言えば、このような実証主義への転換は学界にとって良いことだった。例えば、国際経済学の分野では、実証研究によって、国際貿易に参加している企業間の質や生産性の違いの重要性について新たな発見があり、それらを考慮した様々な拡張モデルが生み出された。開発経済学では、新しい実証によって、何億もの人々の生活を改善する可能性のある健康、教育、金融に関する政策イノベーションを引き起こした。

学問で起こる変革について観察するもう一つの方法は、この数十年で頭角を現している新しい研究分野を見ることだ。これに関しては特に注目すべき三つの分野がある。行動経済学、ランダム化比較実験（ＲＣＴｓ）、そして制度に関する研究だ。驚くべきことは、これらの分野はすべて、経済学の外部の領域――それぞれ心理学、薬学、歴史学――から大きな影響を受け、実際に刺激を受けている。これらの分野の発展は、経済学は視野が狭く関連する他学問による貢献を無視するという批判に対する反証になっている。

いくつかの点で、行動経済学の興隆は、標準的な経済学からの最も大きな逸脱を示している。なぜなら、行動経済学は経済モデルの最も標準的な仮定である個人は合理的であるというベンチマークを切り落としているからだ。合理性の仮定は、多くの状況において道理に合っているように思われているだけでなく、個人が予算やその他の制約の下で首尾よく定義された目的関数を最大化（場合によっては最小化かもしれない）するという、数学を用いた標準的な最適化技術を頼りに人々の行動をモデル化することも可能にするものだ。これらの技術を使うことによって、消費者が購入する製品をどのようにして選ぶのか、家計はどれだけ貯蓄を行うのか、企業はどれだけ投資を行うのか、労働者がどのようにして職を探すのかなどについて――これらの行動が、状況の特殊性にどれほど依存しているのかと同様に――経済学者は具体的な予測を導き出しているのだ。

このような仮定は、合理性の限定化された様式（「限定合理性」と呼ばれる）を論じたハーバート・サイモンや、企業は最適化によってではなく試行錯誤によって行動することを提示したリチャード・ネルソン――言うまでもなく、最初の行動経済学者であったかもしれないアダム・スミス自身もそうだ[11]――のような経済学の内部からも常に批判されていた。しかし、主流の経済学に最も大きな衝撃を与えたのは、心理学者ダニエル・カーネマンとその共著者たちによる業績だ[12]。この貢献によって、カーネマンは二〇〇二年にノーベル経済学賞を受賞したが、非経済学者がこの賞を受賞したのはこの時が初めてだった[*]。

＊二〇〇九年には、政治学者であるエリノア・オストロムがこの賞を受賞した。彼女の業績は、制度と共有資源の管理に関するものだった。

カーネマンとその同僚の実験によって、経済学で用いられる概念と同様な、合理性に背いた行動規則に関する長いリストが作られた。人々は、ある対象物に対する価値を、それを得るときよりも失うときにより高いものだと感じ（損失回避）、少量のデータからあまりに一般的すぎる結論に至り（自信過剰）、自分の信念と矛盾する事例を軽視し（確証バイアス）、自身に悪影響をもたらすと自覚している短期的な誘惑に従い（自制心の弱さ）、公正さと相互利益に価値を置く（限定された利己主義）などだ。これらの種類の行動は、経済学の多くの分野において重要な示唆をもたらすものだ。例えば、金融における効率的市場仮説（第五章を参照）は、純粋期待を持つ投資家に依存している。経済学者が行動経済学におけるこれらの新しい発見を効率的市場仮説のモデルに導入し始めたことで、長い間説明されなかった金融市場における例外的な出来事を説明することが可能となった。例えば、ニュースに対して資産価格が明らかに過剰に反応することは、人々が直近の情報に過剰に反応する傾向があることによって説明できた。[13] 社会心理学からのこれらの洞察は、その後、貯蓄行動、医療保険の選択、そして貧困農家による肥料の使用のような様々な意思決定の分野で用いられた。[14] 行動経済学は、経済学の周縁から最も活発な一分野となり、学界で最も才能のある人々を引きつけていった。

ＲＣＴｓは別の種類の発展の道をたどった。これは経験主義への大きな飛躍を示している。その目標は、明快で曖昧さのない実証的証拠を一から生み出すことにある。経済学における実証研究は、真の因果関係を明らかにすることとの困難さに常に悩まされてきた。例えば、殺虫剤処理済の蚊帳に対する補助金支給がマラリアの発生率にどのような影響を与えるかということについて、研究者がはっきり正確に指摘することができるように世界がじっと止まっていることは決してない。われわれが調査しようと思う効果に混じってあまりにも多くの事柄が同時に変化しているのだ。経済学者はランダム化を用いてそのような問いに対する研究を行い始めた。例えば、蚊帳をランダムに選ばれた受け手のサンプル（処置群）に配る一方で、受け手でない人々で統制群を構成する。このとき、この二つの集団に起こる結果の違いは、介入によって引き起こされた影響が原因となるだろう。この手法は、複雑な統計手法に比べると比較的単純なものだった。同時に、これは特定の状況において何が作用し何が作用しなかったのかを明らかにするうえで非常に有効であった。例のごとく、一連の結果から一般化を行うことにはより多くの問題があった。なぜなら、そのためにはそのことが異なる条件において実現するかを示す必要があるからだ。

そのようなフィールド実験を実施するのに特に適切な状況を貧困国は提供した。貧困国のような状況で、どのような種類の救済法が最もうまく機能するのかということについて、激しい議論があった。そして、貧困国には別の介入策を試す余地があった。現地の貧困水準を前提にすると、効果的な介入策を明らかにすることによる利益は莫大なものだった。ＲＣＴｓについては、まだ論争が続いている点がいくつかある。批判者は、ＲＣＴの提唱者は低開発社会の本質や必要とされる政策を研究するフィールド実験からどれだけのことが学べるのかについて過大な主張をすると不満を述べてきた。[15] しかし、このような研究の新しい波が経済学を異なる方向へと導き、途上国社会の多くの側面に対するわれわれの理解を深めるということについて否定する人はほとんどいないだろう。

フィールド実験は特定の共同体に焦点を当てたきめの細かい分析を提供する。研究対象はある時期における一つの村であることが多い。これとは対照的に、制度発展に関する研究は、よりはるかに大局的な見解と幅広い歴史的発展の両方を取り上げていた。それは、現代において繁栄している資本主義の形成を可能とした制度である法の支配、契約履行、所有権の保護、民主政治に焦点を当てていた。この研究は、経済学とは異なる学問分野における政治制度の発展や歴史の比較分析研究に直接刺激を受けていた。しかし、それらの学問から得られた洞察は、洗練化され、経済学者が用いていた類のモデルへと形作られていった。それに加えて、最新の統計手法を用いて洗練化された実証分析によって、これらのアイデアを確認することに多くの努力が注がれた。

ＭＩＴの経済学者ダロン・アシモグルと経済学を学んだハーバードの政治学者ジェイムズ・ロビンソンは、新しい研究の波の異論なきリーダーだった。世間をあっと言わせた二人の最初の大きな研究プロジェクトは、ＭＩＴの同僚であるサイモン・ジョンソンとの共著「植民地起源の比較発展分析（The Colonial Origins of Comparative Development）」だった。[16] 論文では、数世紀前の植民地主義者によって導入された制度の様式が、今日にまで響いていると論じられていた。植民地主義者たちが新しい領土へと移り定着した時に、所有権を保護し成長と発展を促進する制度を作り上げた。これは、主にアメリカ、カナダ、オーストラリアやニュージーランドで起こったものだった。その代わり、アフリカで多くあった事例だが、現地の健康状況が大人数の定着を妨げる場合、植民地主義者たちは資源の収用により適した制度を設立し、それが原因で植民地の発展が遅れることになった。議論そのもの以上に、この論文の非常に成功したところは、著者たちが自分たちの主張を検証するために用いた想像力に富んだ実証手法であった。手短に言うと、所有権を保護する制度を作り上げるようになるほど現地の環境が過ごしやすいかどうかによって植民地を区別するために、初期の西欧からの移住者（軍当局者や宣教師など）の死亡率の情報を活用したのだ。*

＊著者たちは、初期の植民者は死亡リスクが少ない場所に優れた制度を設立する傾向があったと論じた。さらに、

西欧人を死に至らしめた病気は、原住民の人口に影響を及ぼす病気とは全般的に異なっていた。これらの仮説によって、著者たちは、制度の質の違いをもたらす外生的要因として、長期的な発展経路に影響を与えたであろう交易経路への近接性のようなその他の決定要因とは独立して入植者の死亡率を用いた。

この論文に批判がなかったわけではない。しかし、この論文は、政治経済、制度発展や比較経済史の新しい研究の波を引き起こし、経済学が独立した学問分野として成立していなかった社会科学研究の初期の時代を思い起こさせることとなった。貯蓄や資本蓄積のような経済的要因以外の資本主義発展のより深い原因は何だったのだろうか？ 大航海時代に世界を導いた後にスペインとポルトガルの発展が遅れたのはなぜだったのか？ 民族対立や文化的特性が長期的な経済の動向にもたらす影響は何なのだろうか？ これらの事柄は、たとえ使われている手法は新しいものだったとしても、古くからの問題だった。[17] 同時に、これらの問題は「大きな」問題であり、社会科学が取り組む最も重要な課題に、首尾よく関与する経済学の能力を証明するものだった。

これらの新しい研究領域は、決定的な結論を生み出さなかったかもしれないし、これらによって経済学の外観が絶え間なく変わっていったわけではなかったかもしれない。むしろ、これらの研究は他の学問からの見識を組み入れることによって経済学を新しい方向に向かわせたということを私は指摘したい。これらの研究は、外部からの影響に対して閉ざされた島国根性を持った内輪の学問という経済学に対する見方が、現状を把握していない滑稽なものであることを示している。

野心と謙虚さと

経済学に対する批判の多くは、経済学者が誤ったモデルを使うことに対する批判に要約される。経済学者は、新古典派の代わりにケインズ主義、マルクス主義あるいはミンスキーの信奉者に、供給重視の代わりに需要重視に、合理主義者よりもむしろ行動主義者に、方法論的個人主義者よりむしろネットワーク理論の専門家に、相互作用主義よりむしろ構造主義者になるべきなのだ。しかし、これらの代替的な枠組も、それ自体は普遍性に欠けた、現実の特定の一片を捉えたものに過ぎないため、単に枠組を転換するだけでは解決策にはならない。実際、これまで述べてきたように、代替的な考え方から得られた洞察は経済学のモデルの実践例の中に着実に吸収されている。これらすべての考え方における見解の相違は、経済学をモデルの集合と見なし、モデル間を舵取りする方法に従うことで埋め合わせることができる。

学問で最も大きな成功を収め有名になった実践家は、このアプローチの好例となっている。規制に関する業績で二〇一四年のノーベル経済学賞を受賞したフランスの経済学者ジャン・ティロールが良い例だ。いつも通り、受賞が報じられてから、受賞の理由となった彼の研究に対する手っ取り早い解説を求めようとするジャーナリストが押しかけた。しかし、彼と対話した人々はいささか不満を覚えた。「私の貢献を簡単に要約する方法はない」と断言されてしまったからである。「それは産業ごとに固有に存在するものなんだ。ペイメントカードを規制する方法は、知的財産や鉄道を規制する方法とは全く関係がない。業種によって異なる要素が多すぎるんだ。だからこそ、そのすべてが興味深い。とても多すぎて……一筋縄では収まりきらないよ。」[18]

ティロールのような学問に誠実であり続ける経済学者たちは、必ずといっていいほど謙虚だ。彼らの学問は、非常に限定された事柄でしか断定的な見解は表明できないということを教えてくれる。大半の質問に対する反応は、「〜次第だ」「私にはわからない」「その問題について研究するために数年の時間(そして研究資金)をくれないか」「このことについては三つの見解がある。……」あるいは「n種類の財とk人の消費者を仮定しよう。……」というような形を常にとる。そのため彼らは、抽象的な数学モデルと意匠を凝らした統計学に時間を費やし、公共問題に対する社会的理解や解決策に貢献することができないという批判を浴び続けている。

しかし、トレードオフに関する科学として、経済学は台帳の両側——費用と便益、知られていることと知られていないこと、不可能なことと実行可能なこと、ありそうなことと起こりそうなこと——を見事に教えてくれる。社会的現実に幅広い可能性があり得るように、経済学のモデルは様々なシナリオでわれわれに警告してくれる。現状において経済学者の間で意見が一致しないことは自然なことであり、謙虚であることは全く正しい態度だ。人々は、経済学がもたらす答えについて過信するよりは、これらの意見の不一致や不確定さについてもっと目にしたほうがよい。

また、謙虚さは経済学者をより広範な社会科学の世界における良き住人にするだろう。自分たちが実際にどれだけのことを知って理解しているのか(あるいはどれくらいそれができていないのか)について実直であることは、経済学者とその他の実証的でない社会科学の流儀との間にあるギャップをある程度縮めることに役立つだろう。謙虚さを持つことによって、文化論的、人文主義的、権威主義的、あるいは解釈学的なレンズで社会的真実を説明しようとする人々との対話はより良いものになるかもしれない。これら別の考え方を主張する人々の主要な反対意見は、経済学者は普遍主義者であり、還元主義であるというものだ。[19] しかし、モデルの多様性や状況特殊性を経済学の中心に据えることによって、他の学問との違いは最初に見られたものほど深刻なものではなくなる。例えば、経済学者に対する「文化はどうなるのか」という質問に対する答えは、「文化は無関係だ」とはなり得ないし、そう答えるべきでもない。「ＯＫ、文化についてのモデルを作ってみよう――これは、仮定していること、どんな因果連鎖があるのか、そして観察される含意は何かについて明らかにしようということを意味する」となるべきだろう。賢明な社会科学者は、そのような調査研究のあり方に対して背を向けるべきではない。

経済学者は依然、公共知識人や社会改革者としての大いなる野心を抱くことができる。多くの分野で――資源配分の改善、起業家精神の解放、経済成長の促進、公平さと包摂性の強化のための――具体的な政策や制度の提唱者となることができる。彼らは、これらの領域における公の場で大いに貢献することができる。経済学には様々な行為や社会の出来事を捉えた、社会生活に関する様々なモデルが存在すると明らかにすることで、経済学者は、他の社会科学者たちよりも社会進歩の可能性についてより多くの注意を向けることができる。[*] しかし、このような役割に移行するとき、経済学者は必然的に自らの学問をとりまく自明の科学的領海線から踏み出すことになると気づく必要がある。そして、このことについてはっきりと述べる必要がある。そうでなければ、経済学者は自らの専門性を超えた価値判断を科学と偽って通用させているという批判に身をさらすことになる。

＊これは、偉大な経済学者で社会科学者でもあるアルバート・ハーシュマンが生涯を通じて唱えていた「ポッシビリズム」というものだ。彼は、社会科学に共通する、社会に起こる出来事を「構造」条件によって厳密に説明しようとする見解を持つ決定論的アプローチを否定し、代わりに決定的な役割を果たす思想や小さな行動の力を論じた。Philipp H. Lepenies, “Possibilism: An Approach to Problem-Solving Derived from the Life and Work of

Albert O. Hirschman," *Development and Change* 39, no. 3（May 2008）: 437–59.

経済学は、時代の大きな公共的課題に取り組むための足がかりや分析ツールを数多く提供する。経済学は決定的で普遍的な答えを提供しないのだ。経済学そのものから得られる結果は、倫理的、政治的あるいは実践的な性質を持つ価値観、判断や評価と結び付けられなければならない。このことは、経済学の教義とはほとんど関係はないが、現実世界には大いに関係があることなのだ。

おわりに　二十の戒め

経済学者への十戒

一　経済学はモデルの集まりだ。多様性を大切に。
二　一つのモデルは、唯一のモデルではない。
三　モデルを作るなら、具体的な個々の要因と、それらがどのように働いているのかを、それぞれ説明することができるような単純なモデルを作りなさい。ただし、単純に作りすぎて、それらの要因の間で働く重要な相互作用が抜け落ちてしまってはいけない。
四　非現実的な仮定を使ってもいいが、重要な仮定が非現実であってはならない。
五　世界は（ほとんど）いつもセカンド・ベストである。
六　モデルを現実世界に当てはめるためには、実証に基づく診断法を明示する必要がある。これは科学というより技芸だ。
七　経済学者の間で合意されていることを、世界の仕組そのものと混同してはならない。
八　経済や政策について尋ねられた時、「知らない」と言うのは構わない。
九　効率がすべてではない。
十　世論が自分たちと同じ価値観を持っていると勘違いすると、自らの専門的能力を間違って使うことになる。

経済学者でない人への十戒

一　経済学はモデルの集まりであり、他の議論を拒否するようなあらかじめ定められた結論を持っているわけではない。

二　仮定が非現実的だという理由で経済学のモデルを批判すべきでない。その仮定がもっと現実的なものになる場合、結論がどのように変わるかを尋ねよ。

三　分析には単純さが求められる。複雑そうな分析は支離滅裂なだけだということに気をつけよ。

四　数学を恐れるな。経済学者が数学を用いるのは賢いからではなく、それほど賢くないからだ。

五　経済学者がオススメしている時は、彼（女）が手にしている根本モデルが何かを確かめよ。

六　経済学者が「経済的厚生」という用語を用いる時は、それが何を意味しているかを彼（女）に尋ねよ。

七　経済学者は演習室と世論の前では言うことが違うことに気をつけよ。

八　経済学者（の全員）は市場を崇拝しているわけではないが、市場がどのように機能しているのかをあなたたちよりは知っている。

九　すべての経済学者が似たような考え方を持っていると考えるなら、彼らの演習に参加してみよ。

十　経済学者が経済学者でない人に冷たく当たると考えているなら、彼らの演習に参加してみよ。

「狐」の経済学方法論――訳者あとがきに代えて

本書は、Dani Rodrik, *Economic Rules: The Rights and Wrongs of the Dismal Science*, 2015 の全訳である。著者ダニ・ロドリックはグローバリゼーション研究や、開発経済学、政治経済学などの分野で第一人者としてその名を知られる経済学者である。その経歴については、前著『グローバリゼーション・パラドクス』(柴山桂太・大川良文訳、白水社、二〇一三年)の訳者あとがきを参照されたい。

本書の主題を一言で表せば、「経済学はどのような意味で科学と言えるのか」ということになるだろう。自然科学と同様、経済学も現象を説明するモデルを構築する。だが、モデルは一つではない。現実社会の移り変わりに合わせて、経済学者が生み出すモデルの数も増えていく。経済学は、古い理論が新しい理論に置き換わっていくことで「垂直的」に進化していくのではなく、新しい出来事や環境変化に合わせて次々とモデルが増殖していくことで「水平的」に進化する科学だという指摘は興味深い。

しかし、本当に重要なのはその先である。数あるモデルの中で、目の前の経済問題を適切に分析するにはどれを選ぶのが一番良いのか。選ばれたモデルの「重要な仮定」は、現実の諸条件と整合的かどうか。そうやって複数のモデルを自由自在に舵取り《ナビゲート》することこそ、政策科学者としての経済学者に課せられた真の使命である、というのが本書で繰り返される主張である。

本書の執筆動機として、著者は最近の経済学批判の風潮を挙げている。経済学は、なまじ現実政治への影響力が大きいだけに、他分野の研究者や一般市民から批判の矢面に立たされやすい。自然科学の専門家からは、経済学が本当の意味で科学と言えるのか疑問視されている。一般市民は、最近の経済混乱の責任は経済学者にあると非難している。一方、当の経済学者はアカデミズムの世界で論文を書くことに熱心で、現実問題への発言に必ずしも熱心ではない。経済学者に求められている役割と、経済学者が実際に行っている研究の乖離は広がるばかりである。

こうした風潮に、著者は誠実に向き合おうとする。市場経済の働きを過度に強調しがちであること、現実政治に間違った指針を与える事例があったことを率直に認めつつ、そうではないところに経済学本来の役割を再定位しようとするのだ。全部で二百頁ほどの小著だが、経済学の強みと弱み、科学哲学の最近の展開を踏まえた経済学の位置づけ、古典派経済学から現代経済学への理論の発展史や、（何かと評判の悪い）方法論的個人主義の批判的擁護など豊富で多彩な話題を含んでいる。経済学に明るい読者はもちろんのこと、経済学は何の役に立っているのかと疑問を持つ読者にも、有益な知見を与えてくれるだろう。

この二十〜三十年の経済学は、ゲーム理論やオークション理論、行動経済学や実験経済学、政治経済学や制度の経済学など、隣接分野の知見を取り込んだ多様な展開を見せている。よく主流派経済学とひとまとめに括られるが、扱われる理論やモデルは高度に細分化されており、そのすべてを俯瞰で見通すのは難しい。本書は、経済学のモデル構築の実例として、それらの先端的研究を巧みに紹介している点で、現代経済学の概説書としても面白く読める。

とはいえ、本書のねらいはあくまで経済学をモデル選択の学として捉え直すことにある。この問題意識は、前著『グローバリゼーション・パラドクス』で示された「狐とハリネズミ」の寓話にすでに現れていた。「狐はたくさんのことを知っているが、ハリネズミはただ一つのことを知っている」という古代の格言を踏まえて、過去の偉大な文学作家を「狐」と「ハリネズミ」の二つに分類したアイザイア・バーリンの有名な図式があるが、著者はこの図式を経済学者にも当てはめた。どんな状況に直面しても市場の自由化こそが正しい解だとする「ハリネズミ」がいる一方で、状況次第で必要となるモデルも解も異なるはずだと考える「狐」もいる、というのだ。

著者が、どちらの立場に好意的であるかは明らかである。ハリネズミが理想とする政策は常に正しいものとはならない。状況次第で、市場を自由化することが正しいことも、政府が規制を強めることが正しいこともある。それを見極めるのは、科学というより技芸の問題だ。経済学は、一定の仮定の下で現象をよりよく説明するモデルを構築する科学であると同時に、それらのモデル群からどれを選び出して現実に適用するかを慎重に判断する実践の営みでもある。

付言すれば、経済学を科学と技芸の両面から捉えたのは、著者がはじめてではない。統治の学として出発した経済学（政治経済学）には、もともとそのような伝統があった。例えばJ・S・ミルは、原因と結果を調べて法則化する「サイエンス」と、達成すべき目的やその目的を達成する手段の組み合わせを示す「アート」の二つの相互関係で経済学を捉えようとした。その精神は、著者が「狐」型の代表格として高く評価しているケインズにも、たしかに流れ込んでいる。本書の試みは、そうした経済学の良質の伝統を、現代的な条件の下で復興させようとする試みと評価することもできるのではないか。

本書でたびたび参照されるセカンド・ベストの理論について簡単に補足しておきたい。この理論は、「市場に歪みが存在する場合、通常であれば経済的便益が生じると考えられる政策（貿易自由化や規制緩和など）や経済状況の変化（資源ブームによる交易条件の改善など）が、市場間の相互作用を通じて経済的損失をもたらすことがある」というものだ。

経済学では、すべての市場が完全競争市場で、外部性や「規模の経済性」が存在しないなどの一定条件が満たされるとき、政府の介入なく市場が経済的利益を最大化できるという「厚生経済学の第一定理」が証明されている（本書四八頁以下）。市場が完全に機能するときに実現する経済状態は、「ファースト・ベスト」と呼ばれるが、現実の世界でその条件が満たされることはほとんどない。現実の市場経済には、様々な歪みが存在しているからだ。

ファースト・ベストを理想とする経済学者は、このような歪みをすべて除去し、市場本来の機能を発揮させる政策が必要だと考える。例えば、政府の介入によって市場に歪みが生じているのであれば、政府は市場への介入を止めるべきである。

しかし、市場には様々な歪みがあり、そのすべてを一度になくすことはできない。だから現実的な政策としては、ファースト・ベストの実現を将来の目標としつつ、市場の歪みの修正を一つひとつ積み重ねるというものになる。このような政策を「漸進的政策（piecemeal policy）」という。

リプシーとランカスターによるセカンド・ベスト理論の重要な貢献は、このような漸進的政策が、市場の相互作用を通じて経済に損失をもたらす可能性があると明らかにしたことだった。他の市場に歪みが存在する中で、特定の市場の歪みを修正することが、経済に悪い影響をもたらすことがあるのだ。

本書で述べられていた、自由貿易協定が経済的損失をもたらす可能性があるという議論（五九頁）も、このセカンド・ベストの理論の一つである。すべての国と自由貿易を行うのが経済的に最も望ましいファースト・ベストの状態であるとしても、すべての国と同時に自由貿易を実現することが難しいので、近隣国から自由貿易協定を結んでいくというのは「漸進的政策」として、一見すると経済にとって望ましいように思える。しかし、協定締結国以外の国からの輸入関税の存在によって貿易転換効果が大きくなるときには、自由貿易協定は経済に損失をもたらすことがあるというのが、ミードらの展開した議論である。これはまさしくセカンド・ベストの論理であった。

セカンド・ベストの理論を応用すると、市場に歪みが多く存在する世界（著者はこれを「セカンド・ベストの世界」と呼んでいる）では、ファースト・ベストの世界では最善とは見なされない政府の市場介入によって、経済的利益が実現する可能性がある。著者やスティグリッツのように政府の役割を重視する経済学者が、セカンド・ベストの理論を重視するのはそのためだ。

著者がワシントン・コンセンサスを批判するのも同じ理由による。制度の基盤が未確立で、市場の歪みに溢れている発展途上国は、まさにセカンド・ベストの世界だ。ワシントン・コンセンサスの支持者は、総花的な自由化政策を要求する。これはセカンド・ベストに溢れた世界を一気にファースト・ベストの世界に作り変えようとするものだが、市場の歪みに溢れた途上国では不可能だ。ワシントン・コンセンサスを導入した多くの国は、除去できなかった市場の歪みの影響で、最終的には経済危機に陥ることとなった。反対に、中国をはじめとするアジア諸国は、セカンド・ベストに溢れた自国の状況に適した次善の政策を用いることで経済発展を実現している。そのような政策には、産業政策や保護貿易政策、為替市場への介入などファースト・ベストの世界では望ましくないものとされる政策も含まれていた。

このように、セカンド・ベストを前提とした世界では、ファースト・ベストの世界で有効とされた政策が経済の損失をもたらす一方で、ファースト・ベストの世界では支持されない次善の政策が経済に有益な影響をもたらす可能性がある。この場合、具体的にどの政策が望ましいのかを判断するには、市場にどのような歪みが具体的に存在するのか、市場間でどのような相互作用が働いているのかを正しく把握しなければならない。

セカンド・ベストの経済モデルでは、分析する市場に関する仮定の選択が重要となる。その意味で本書は、自らも「狐」型の経済学者である著者の経済学方法論をあらわしたものと言えるだろう。

＊＊

翻訳は二人の訳者が分担して行った。第一章、第三章、第五章は柴山が、第二章、第四章、第六章および謝辞は大川が担当し、はじめにとおわりには二人が分担している。

白水社の竹園公一朗さんは、訳文のチェックから校正・校閲に至るまでお世話になった。記して感謝したい。

二〇一八年一月十七日

柴山桂太
大川良文

訳者略歴

柴山桂太（しばやま・けいた）
一九七四年生まれ。京都大学経済学部卒業。京都大学大学院人間・環境学研究科博士課程退学。滋賀大学経済学部准教授を経て、現在、京都大学大学院人間・環境学研究科准教授。専門は政治経済思想。著書に『静かなる大恐慌』（集英社新書）、『グローバル恐慌の真相』（集英社新書、中野剛志と共著）ほか。訳書にシェーン『〈起業〉という幻想』（白水社、谷口功一・中野剛志と共訳）、ロドリック『グローバリゼーション・パラドクス』（白水社、大川良文と共訳）がある。

大川良文（おおかわ・よしふみ）
一九七一年生まれ。神戸大学経済学部卒業。神戸大学大学院経済学研究科国際経済博士課程修了。滋賀大学経済学部准教授を経て、現在、京都産業大学経済学部教授。専門は国際経済学。論文に "Innovation, Imitation, and Intellectual Property Rights with International Capital Movement" *Review of International Economics* など。訳書にロドリック『グローバリゼーション・パラドクス』（白水社、柴山桂太と共訳）がある。

エコノミクス・ルール
憂鬱な科学の功罪

二〇一八年二月一五日 印刷
二〇一八年三月一〇日 発行

著者 ダニ・ロドリック
訳者 © 柴山桂太
　　　 大川良文
発行者 及川直志
印刷所 株式会社三陽社
発行所 株式会社白水社
東京都千代田区神田小川町三の二四
電話 営業部 〇三（三二九一）七八一一
　　 編集部 〇三（三二九一）七八二一
振替 〇〇一九〇－五－三三二二八
郵便番号 一〇一－〇〇五二
http://www.hakusuisha.co.jp
乱丁・落丁本は、送料小社負担にてお取り替えいたします。

誠製本株式会社

ISBN978-4-560-09598-0

Printed in Japan

索引

さ行

た行

な行

は行

ま行

や行

ら行

わ行

註

はじめに

1 R. Preston McAfee and John McMillan, "Analyzing the Airwaves Auction," *Journal of Economic Perspectives* 10, no.1 (Winter1996): 159–75; Alvin E. Roth and Elliott Peranson, "The Redesign of the Matching Market for American Physicians: Some Engineering Aspects of Economic Design," *American Economic Review* 89, no. 4 (1999): 748–80; Louis Kaplow and Carl Shapiro, *Antitrust*, NBER Working Paper 12867 (Cambridge, MA: National Bureau of Economic Research, 2007); Ben Bernanke et al., *Inflation Targeting: Lessons from International Experience* (Princeton, NJ: Princeton University Press, 1999).

2 Steven D. Levitt and Stephen J. Dubner, *Freakonomics: A Rogue Economist Explores the Hidden Side of Everything* (New York: William Morrow, 2005).

第一章

1 Ha-Joon Chang, *Economics: The User Guide* (London: Pelican Books, 2014), 3.

2 David Card and Alan Krueger, *Myth and Measurement: The New Economics of the Minimum Wage* (Princeton, NJ: Princeton University Press, 1997).

3 Dani Rodrik and Arvind Subramanian, "Why Did Financial Globalization Disappoint?" IMF Staff Papers 56, no.1 (March 2009): 112–38.

4 Daniel Leigh et al., "Will It Hurt? Macroeconomic Effects of Fiscal Consolidation," in *World Economic Outlook* (Washington, DC: International Monetary Fund, 2010), 93–124, http://www.imf.org/external/pubs/ft/weo/2010/02/pdf/c3.pdf.

5 Ariel Rubinstein, "Dilemmas of an Economic Theorist," *Econometrica* 74, no. 4 (July 2006): 881.

6 Allan Gibbard and Hal R. Varian, "Economic Models," *Journal of Philosophy* 75, no. 11 (November 1978): 666.

7 Nancy Cartwright, "Models: Fables v. Parables," *Insights* (Durham Institute of Advanced Study) 1, no. 11 (2008).

8 私が言及したコロンビアについての研究は以下が有名。Joshua Angrist, Eric Bettinger, and Michael Kremer: "Long-Term Educational Consequences of Secondary School Vouchers: Evidence from Administrative Records in Colombia," *American Economic Review* 96, no. 3 (2006): 847–62.

9 Nancy Cartwright and Jeremy Hardie, *Evidence-Based Policy: A Practical Guide to*

Doing It Better (Oxford: Oxford University Press, 2012).
10 Milton Friedman, "The Methodology of Positive Economics," in *Essays in Positive Economics* (Chicago: University of Chicago Press, 1953).
11 Paul Pfleiderer, "Chameleons: The Misuse of Theoretical Models in Finance and Economics" (unpublished paper, Stanford University, 2014).
12 Gibbard and Varian, "Economic Models," 671.
13 Nancy Cartwright, *Hunting Causes and Using Them: Approaches in Philosophy and Economics* (Cambridge: Cambridge University Press, 2007), 217.
14 Thomas C. Schelling, *The Strategy of Conflict* (Cambridge, MA: Harvard University Press, 1960); Schelling, *Micromotives and Macrobehavior* (New York: W. W. Norton, 1978).
15 Diego Gambetta, "'Claro!' An Essay on Discursive Machismo," in *Deliberative Democracy*, ed. Jon Elster (Cambridge: Cambridge University Press, 1998), 24.
16 Marialaura Pesce, "The Veto Mechanism in Atomic Differential Information Economies," *Journal of Mathematical Economics* 53 (2014): 33–45.
17 Jon Elster, *Explaining Social Behavior: More Nuts and Bolts for the Social Sciences* (Cambridge: Cambridge University Press, 2007), 461.
18 Golden Goose Award, "Of Geese and Game Theory: Auctions, Airwaves—and Applications," *Social Science Space*, July 17, 2014, http://www.socialsciencespace.com/2014/07/of-geese-and-game-theory-auctions-airwaves-and-applications.
19 Friedman, "Methodology of Positive Economics."
20 Alex Pertland, *Social Physics: How Good Ideas Spread—The Lessons from a New Science* (New York: Penguin, 2014), 11.
21 Duncan J. Watts, Everything Is Obvious: Once You Know the Answer (New York: Random House, 2011), Kindle edition, locations 2086–92.
22 Jorge Luis Borges, "On Exactitude in Science," in *Collected Fictions*, trans. Andrew Hurley (New York: Penguin, 1999).
23 Uskali Mäki, "Models and the Locus of Their Truth" *Synthese* 180 (2011): 47–63.

第二章

1 John Maynard Keynes, *Essays in Persuasion* (New York: W. W. Norton, 1963), 358–73.
2 Adam Smith, *An Inquiry into the Nature and Causes of the Wealth of Nations*, 5th ed. (1789; repr., London: Methuen, 1904), I. ii. 2.
3 鉛筆の例は以下。Leonard E. Read, "I, Pencil: My Family Tree as Told to Leonard E. Read" (Irvington-on-Hudson, NY: Foundation for Economic Education, 1958), http://www.econlib.org/library/Essays/rdPncl1.html.
4 Kenneth J. Arrow, "An Extension of the Basic Theorems of Classical Welfare Economics," in *Proceedings of the Second Berkeley Symposium on Mathematical Statistics and Probability*, ed. J. Neyman (Berkeley: University of California Press,

1951), 507–32; Gerard Debreu, "The Coefficient of Resource Utilization," *Econometrica* 19 (July 1951): 273–92.

5 Paul Samuelson, "The Past and Future of International Trade Theory," in *New Directions in Trade Theory*, eds. A. Deardorff, J. Levinsohn, and R. M. Stern (Ann Arbor, MI: University of Michigan Press, 1995), 22.

6 David Ricardo, *On the Principles of Political Economy and Taxation* (London: John Murray, 1817), chap. 7.

7 Dani Rodrik, *The Globalization Paradox: Democracy and the Future of the World Economy* (New York: W. W. Norton, 2011), chap. 3.

8 David Ricardo, *On the Principles of Political Economy and Taxation*, 3rd ed. (London: John Murray, 1821), chap. 7, para.7.17, http://www.econlib.org/library/Ricardo/ricP2a.html.

9 David Card, "The Impact of the Mariel Boatlift on the Miami Labor Market," *Industrial and Labor Relations Review* 43, no. 2 (January 1990): 245–57; George J. Borjas, "Immigration," in *The Concise Encyclopedia of Economics*, http://www.econlib.org/library/Enc1/Immigration.html, accessed December 31, 2014; Örn B. Bodvarsson, Hendrik F. Van den Berg, and Joshua J. Lewer, "Measuring Immigration's Effects on Labor Demand: A Reexamination of the Mariel Boatlift" (University of Nebraska—Lincoln, Economics Department Faculty Publications, August 2008).

10 James E. Meade, *The Theory of International Economic Policy*, vol. 2, Trade and Welfare (London: Oxford University Press, 1955); Richard G. Lipsey and Kelvin Lancaster, "The General Theory of Second Best," *Review of Economic Studies* 24, no. 1 (1956–57): 11–32.

11 Avinash Dixit, "Governance Institutions and Economic Activity," *American Economic Review* 99, no. 1 (2009): 5–24.

12 Thomas C. Schelling, *The Strategy of Conflict* (Cambridge, MA: Harvard University Press, 1960); Schelling, *Micromotives and Macrobehavior* (New York: W. W. Norton, 1978).

13 Avinash K. Dixit and Barry J. Nalebuff, *The Art of Strategy* (New York: W. W. Norton, 2008).

14 Joseph E. Stiglitz and Andrew Weiss, "Credit Rationing in Markets with Imperfect Information," *American Economic Review* 71, no. 3 (June 1981): 393–410.

15 Andrew Weiss, *Efficiency Wages: Models of Unemployment, Layoffs, and Wage Dispersion* (Princeton, NJ: Princeton University Press, 1990).

16 Itzhak Gilboa, Andrew Postlewaite, Larry Samuelson, and David Schmeidler, "Economic Models as Analogies" (unpublished paper, January 27, 2013), 6–7.

17 例えば、ハーバード・ビジネススクール教授のジョシュ・ラーナーとのエコノミスト誌電子版での議論を参照。July 12–17, 2010, http://www.economist.com/debate/debates/overview/177.

18 Carmen M. Reinhart and Kenneth S. Rogoff, *Growth in a Time of Debt*, NBER Working Paper 15639 (Cambridge, MA: National Bureau of Economic Research,

2010).
19 Thomas Herndon, Michael Ash, and Robert Pollin, "Does High Public Debt Consistently Stifle Economic Growth? A Critique of Reinhart and Rogoff" (Amherst: University of Massachusetts at Amherst, Political Economy Research Institute, April 15,2013).
20 R. E. Peierls, "Wolfgang Ernst Pauli, 1900–1958," *Biographical Memoirs of Fellows of the Royal Society* 5 (February1960): 186.
21 Albert Einstein, "Physics and Reality," in *Ideas and Opinions of Albert Einstein*, trans. Sonja Bargmann (New York: Crown, 1954), 290, cited in Susan Haack, "Science, Economics, 'Vision,'" *Social Research* 71, no. 2 (Summer 2004): 225.

第三章

1 David Colander and Roland Kupers, *Complexity and the Art of Public Policy* (Princeton, NJ: Princeton University Press, 2014), 8.
2 Dani Rodrik, "Goodbye Washington Consensus, Hello Washington Confusion?: A Review of the World Bank's Economic Growth in the 1990s: Learning from a Decade of Reform," *Journal of Economic Literature* 44, no. 4 (December 2006): 973–87.
3 Ricardo Hausmann, Dani Rodrik, and Andres Velasco, "Growth Diagnostics," in *The Washington Consensus Reconsidered: Towards a New Global Governance*, eds. J. Stiglitz and N. Serra (New York: Oxford University Press, 2008).
4 多くの国々の例とともに詳細は以下参照。Ricardo Hausmann, Bailey Klinger, and Rodrigo Wagner, *Doing Growth Diagnostics in Practice: A "Mindbook"*, CID Working Paper 177 (Cambridge, MA: Center for International Development at Harvard University, 2008).
5 Ricardo Hausmann, *Final Recommendations of the International Panel on ASGISA*, CID Working Paper 161 (Cambridge, MA: Center for International Development at Harvard University, 2008).
6 Ricardo Hausmann and Dani Rodrik, "Self-Discovery in a Development Strategy for El Salvador," *Economia: Journal of the Latin American and Caribbean Economic Association* 6, no. 1 (Fall 2005): 43–102.
7 Douglass C. North and Robert Paul Thomas, *The Rise of the Western World: A New Economic History* (Cambridge: Cambridge University Press, 1973).
8 Rochelle M. Edge and Refet S. Gürkaynak, *How Useful Are Estimated DSGE Model Forecasts?* Finance and Economics Discussion Series (Washington, DC: Divisions of Research & Statistics and Monetary Affairs, Federal Reserve Board, 2011).
9 Barry Nalebuff, "The Hazards of Game Theory," *Haaretz*, May 17, 2006, http://www.haaretz.com/business/economy-finance/the-hazards-of-game-theory-1.187939. 以下も参照のこと。Avinash Dixit and Barry Nalebuff, *Thinking*

Strategically: The Competitive Edge in Business, Politics, and Everyday Life (New York: W. W. Norton, 1993), chap1.

10 Santiago Levy, *Progress against Poverty: Sustaining Mexico's Progresa-Oportunidades Program* (Washington, DC: Brookings Institution, 2006).

11 *Mexico—PROGRESA: Breaking the Cycle of Poverty* (Washington, DC: International Food Policy Research Institute, 2002), http://www.ifpri.org/sites/default/files/pubs/pubs/ib/ib6.pdf.

12 Edward Miguel and Michael Kremer, "Worms: Identifying Impacts on Education and Health in the Presence of Treatment Externalities," *Econometrica* 72, no. 1 (2004): 159–217.

13 Esther Duflo, Rema Hanna, and Stephen P. Ryan, "Incentives Work: Getting Teachers to Come to School," *American Economic Review* 102, no. 4 (June 2012): 1241–78.

14 David Roodman, "Latest Impact Research: Inching towards Generalization," Consultative Group to Assist the Poor (CGAP), April 11,2012,http://www.cgap.org/blog/latest-impact-research-inching-towards-generalization.

15 Joshua D. Angrist, "Lifetime Earnings and the Vietnam Era Draft Lottery: Evidence from Social Security Administrative Records," *American Economic Review* 80, no. 3 (June 1990): 313–36.

16 Donald R. Davis and David E. Weinstein, "Bones, Bombs, and Break Points: The Geography of Economic Activity," *American Economic Review* 92, no. 5 (2002): 1269–89.

17 David R. Cameron, "The Expansion of the Public Economy: A Comparative Analysis," *American Political Science Review* 72, no. 4 (December 1978): 1243–61.

18 Dani Rodrik, "Why Do More Open Economies Have Bigger Governments?" *Journal of Political Economy* 106, no. 5 (October 1998): 997–1032.

19 Robert Sugden, "Credible Worlds, Capacities and Mechanisms" (unpublished paper, School of Economics, University of East Anglia, August 2008).

第四章

1 Andrew Gelman, "Causality and Statistical Learning," *American Journal of Sociology* 117 (2011): 955–66; Andrew Gelman and Guido Imbens, *Why Ask Why? Forward Causal Inference and Reverse Causal Questions*, NBER Working Paper 19614 (Cambridge, MA: National Bureau of Economic Research, 2013).

2 Dani Rodrik, "Democracies Pay Higher Wages," *Quarterly Journal of Economics* 114, no. 3 (August 1999): 707–38.

3 Thomas Piketty, Emmanuel Saez, and Stefanie Stantcheva, *Optimal Taxation of Top Labor Incomes: A Tale of Three Elasticities*, NBER Working Paper 17616 (Cambridge, MA: National Bureau of Economic Research, 2011).

4 J. R. Hicks, "Mr. Keynes and the 'Classics': A Suggested Interpretation,"

Econometrica 5, no. 2 (April 1937): 147–59.
5 John M. Keynes, “The General Theory of Employment,” *Quarterly Journal of Economics* 51, no. 2 (February 1937): 209–23, cited by J. Bradford DeLong in “Mr. Hicks and ‘Mr Keynes and the “Classics”: A Suggested Interpretation’: A Suggested Interpretation,” June 20, 2010, http://delong.typepad.com/sdj/2010/06/mr-hicks-and-mr-keynes-and-the-classics-a-suggested-interpretation-a-suggested- interpretation.html.
6 Robert E. Lucas and Thomas Sargent, “After Keynesian Macroeconomics,” *Federal Reserve Bank of Minneapolis Quarterly Review* 3, no. 2 (Spring 1979): 1–18.
7 John H. Cochrane, “Lucas and Sargent Revisited,” *The Grumpy Economist* (blog), July 17, 2014, http://johnhcochrane.blogspot.jp/2014/07/lucas-and-sargent-revisited.html.
8 Robert E. Lucas Jr., “Macroeconomic Priorities,” *American Economic Review* 93, no. 1 (March 2003): 1–14.
9 Robert E. Lucas, “Why a Second Look Matters” (presentation at the Council on Foreign Relations, New York, March 30, 2009), http://www.cfr.org/world/why-second-look-matters/p18996.
10 Holman W. Jenkins Jr., “Chicago Economics on Trial” (interview with Robert E. Lucas), *Wall Street Journal*, September 24, 2011, http:// online.wsj.com/news/articles/SB10001424053111904194604576583382550849232.
11 Paul Krugman, “The Stimulus Tragedy,” *New York Times*, February 20, 2014, http://www.nytimes.com/2014/02/21/opinion/krugman-the-stimulus-tragedy.html.
12 J. Bradford DeLong and Lawrence H. Summers, “Fiscal Policy in a Depressed Economy,” *Brookings Papers on Economic Activity*, Spring 2012, 233–74.
13 Edward P. Lazear and James R. Spletzer, “The United States Labor Market: Status Quo or a New Normal?” (paper prepared for the Kansas City Fed Symposium, September 13, 2012).
14 Scott R. Baker, Nicholas Bloom, and Steven J. Davis, “Measuring Economic Policy Uncertainty” (unpublished paper, Stanford University, June 13, 2013); Daniel Shoag and Stan Veuger, “Uncertainty and the Geography of the Great Recession” (unpublished paper, John F. Kennedy School of Government, Harvard University, February 25, 2014).
15 数字は合衆国国勢調査局のもの。“Income Gini Ratio for Households by Race of Householder, All Races,” FRED Economic Data, Federal Reserve Bank of St. Louis, http://research.stlouisfed.org/fred2/series/GINIALLRH#, accessed July 24, 2014.
16 The World Top Incomes Database, http://topincomes.parisschoolofeconomics.eu/#Database, accessed July 24, 2014.
17 Edward E. Leamer, *Wage Effects of a U.S.–Mexican Free Trade Agreement*, NBER Working Paper 3991 (Cambridge, MA: National Bureau of Economic Research, 1992), 1.
18 Eli Berman, John Bound, and Zvi Griliches, “Changes in the Demand for

Skilled Labor within US Manufacturing: Evidence from the Annual Survey of Manufacturers," *Quarterly Journal of Economics* 109, no. 2 (1994): 367–97.

19 Robert C. Feenstra and Gordon H. Hanson, "Foreign Direct Investment and Relative Wages: Evidence from Mexico's Maquiladoras," *Journal of International Economics* 42 (1997): 371–94.

20 Frank Levy and Richard J. Murnane, "U.S. Earnings and Earnings Inequality: A Review of Recent Trends and Proposed Explanations," *Journal of Economic Literature* 30 (September 1992): 1333–81; John Bound and George Johnson, "Changes in the Structure of Wages in the 1980s: An Evaluation of Alternative Explanations," *American Economic Review* 83 (June 1992): 371–92.

21 Lawrence Mishel, John Schmitt, and Heidi Shierholz, "Assessing the Job Polarization Explanation of Growing Wage Inequality," Economic Policy Institute, January 11, 2013, http://www.epi.org/publication/wp295-assessing-job-polarization-explanation-wage-inequality.

22 Albert O. Hirschman, "The Search for Paradigms as a Hindrance to Understanding," *World Politics* 22, no. 3 (April 1970): 329–43.

第五章

1 Thomas J. Sargent, "University of California at Berkeley Graduation Speech," May 16, 2007, https://files.nyu.edu/ts43/public/personal/ UC_graduation.pdf.

2 Noah Smith, "Not a Summary of Economics," *Noahpinion* (blog), April 19, 2014, http://noahpinionblog.blogspot.com/2014/04/not-summary-of-economics.html; Paul Krugman, "No Time forSargent," *New York Times* Opinion Pages, April 21, 2014, http://krugman.blogs.nytimes.com/2014/04/21/no-time-for-sargent/?module=BlogPost-Title&version=Blog%20Main&contentCollection=Opinion&action= Click&pgtype=Blogs&region=Body.

3 Greg Mankiw, "News Flash: Economists Agree," February14, 2009, *Greg Mankiw's Blog*, http://gregmankiw.blogspot.com/2009/02/news-flash-economists-agree.html.

4 Richard A. Posner, "Economists on the Defensive—Robert Lucas," *Atlantic*, August 9, 2009, http://www.theatlantic.com/business/archive/2009/08/economists-on-the-defensive-robert-lucas/22979.

5 Robert Shiller, *Irrational Exuberance*, 2nd ed. (Princeton, NJ: Princeton University Press, 2005).

6 Raghuram G. Rajan, "The Greenspan Era: Lessons for the Future" (remarks at a symposium sponsored by the Federal Reserve Bank of Kansas City, Jackson Hole, WY, August 27, 2005), https://www.imf.org/external/np/speeches/2005/082705.htm; Charles Ferguson, "Larry Summers and the Subversion of Economics," *Chronicle of Higher Education*, October 3, 2010, http://chronicle.com/article/Larry-Summersthe/124790.

7 Eugene F. Fama, "Efficient Capital Markets: A Review of Theory and Empirical Work," *Journal of Finance* 25, no. 2 (May 1970): 383–417.

8 Edmund L. Andrews, "Greenspan Concedes Error on Regulation," *New York Times*, October 23, 2008, http://www.nytimes.com/2008/10/24/business/economy/24panel.html?_r=0.

9 John Williamson, "A Short History of the Washington Consensus" (paper commissioned by Fundación CIDOB for the conference "From the Washington Consensus towards a New Global Governance," Barcelona, September 24–25, 2004).

10 Dani Rodrik, "Goodbye Washington Consensus, Hello Washington Confusion?: A Review of the World Bank's *Economic Growth in the 1990s: Learning from a Decade of Reform," Journal of Economic Literature* 44, no. 4 (December 2006): 973–87.

11 Dani Rodrik, "Getting Interventions Right: How South Korea and Taiwan Grew Rich," *Economic Policy* 10, no. 20 (1995): 53–107; Rodrik, "Second-Best Institutions," *American Economic Review* 98, no. 2 (May 2008): 100–104.

12 Stanley Fischer, "Capital Account Liberalization and the Role of the IMF," September 19, 1997, https://www.imf.org/external/np/speeches/1997/091997.htm#1.

13 "The Liberalization and Management of Capital Flows: An Institutional View," International Monetary Fund, November 14, 2012, http://www.imf.org/external/np/pp/eng/2012/111412.pdf.

14 Edward López and Wayne Leighton, *Madmen, Intellectuals, and Academic Scribblers: The Economic Engine of Political Change* (Stanford, CA: Stanford University Press, 2012).

15 Francisco Rodríguez and Dani Rodrik, "Trade Policy and Economic Growth: A Skeptic's Guide to the Cross-National Evidence," in *Macroeconomics Annual 2000*, eds. Ben Bernanke and Kenneth S. Rogoff (Cambridge, MA: MIT Press for NBER, 2001).

16 Mankiw, "News Flash: Economists Agree."

17 Mark R. Rosenzweig and Kenneth I. Wolpin, "Natural 'Natural Experiments' in Economics," *Journal of Economic Literature* 38, no. 4 (December 2000): 827–74.

18 Dani Rodrik, *The Globalization Paradox: Democracy and the Future of the World Economy* (New York: W. W. Norton, 2011), chap. 6. 以下も参照のこと。Rodrik, "In Praise of Foxy Scholars," Project Syndicate, March 10, 2014, http://www.project-syndicate.org/commentary/dani-rodrik-on-the-promise-and-peril-of-social-science-models.

第六章

1 David Colander, Richard F. Holt, and J. Barkley Rosser, "The Changing Face of

Mainstream Economics," *Review of Political Economy* 16, no. 4 (October 2004): 487.

2 経済学者と人類学者の見解の相違についてのすぐれた概観は以下参照。Pranab Bardhan and Isha Ray, *Methodological Approaches in Economics and Anthropology*, Q-Squared Working Paper 17 (Toronto: Centre for International Studies, University of Toronto, 2006).

3 この仕事のサンプルは以下参照。 Samuel Bowles, "Endogenous Preferences: The Cultural Consequences of Markets and Other Economic Institutions," *Journal of Economic Literature* 26 (1998): 75–111; George A. Akerlof and Rachel E. Kranton *Identity Economics: How Our Identities Shape Our Work, Wages, and Well-Being* (Princeton, NJ: Princeton University Press, 2010); Alberto Alesina and George-Marios Angeletos, "Fairness and Redistribution," *American Economic Review* 95, no. 4 (2005): 960–80; Alberto Alesina, Edward Glaeser, and Bruce Sacerdote, "Why Doesn't the United States Have a European-Style Welfare State?" *Brookings Papers on Economic Activity*, no. 2 (2001): 187–254; Raquel Fernandez, "Cultural Change as Learning: The Evolution of Female Labor Force Participation over a Century," *American Economic Review* 103, no. 1 (2013): 472–500; Roland Bénabou, Davide Ticchi, and Andrea Vindigni, "Forbidden Fruits: The Political Economy of Science, Religion, and Growth" (unpublished paper, Princeton University, December 2013).

4 Neil Gandal et al., "Personal Value Priorities of Economists," *Human Relations* 58, no. 10 (October 2005): 1227–52; Bruno S. Frey and Stephan Meier, "Selfish and Indoctrinated Economists?" *European Journal of Law and Economics* 19 (2005): 165–71.

5 Michael J. Sandel, "What Isn't for Sale?" *Atlantic*, April 2012, http://www.theatlantic.com/magazine/archive/2012/04/what-isnt-for-sale/308902. 以下も参照のこと。Sandel, *What Money Can't Buy: The Moral Limits of Markets* (New York: Farrar, Straus and Giroux, 2012).

6 Uri Gneezy and Aldo Rustichini, "A Fine Is a Price," *Journal of Legal Studies* 29, no. 1 (January 2000): 1–17; Samuel Bowles,"Machiavelli's Mistake: Why Good Laws and No Substitute for Good Citizens" (unpublished manuscript, 2014).

7 Sandel, "What Isn't forSale?"

8 Albert O. Hirschman, *The Passions and the Interest: Political Arguments for Capitalism before Its Triumph* (Princeton, NJ: Princeton University Press, 1977); 以下も参照のこと。Hirschman, "Rival Interpretations of Market Society: Civilizing, Destructive, or Feeble?" *Journal of Economic Literature* 20 (December 1982): 1463–84.

9 Dani Rodrik, "Occupy the Classroom," Project Syndicate, December 12, 2011, http://www.project-syndicate.org/commentary/occupy-the-classroom.

10 Simon Wren-Lewis, "When Economics Students Rebel, *Mainly Macro* (blog), April 24, 2014, http://mainlymacro.blogspot.co.uk-2014-04-when=economocs=students=rebel.html.

11 Herbert A. Simon, "A Behavioral Model of Rational Choice," *Quarterly Journal of Economics* 69 (February 1955): 99–118; Richard R. Nelson and Sidney G. Winter, *An Evolutionary Theory of Economic Change* (Cambridge, MA: Belknap Press of Harvard University Press, 1982).

12 Daniel Kahneman, Paul Slovic, and Amos Tversky, *Judgement under Uncertainty: Heuristics and Biases* (Cambridge: Cambridge University Press, 1982).

13 Werner F. M. De Bondt and Richard Thaler, "Does the Stock Market Overreact?" *Journal of Finance* 40, no. 3 (1985): 793–805.

14 David Laibson, "Golden Eggs and Hyperbolic Discounting," *Quarterly Journal of Economics* 112, no. 2 (1997): 443–77; Brigitte C. Madrian and Dennis F. Shea, "The Power of Suggestion: Inertia in 401(k) Participation and Savings Behavior," *Quarterly Journal of Economics* 116, no. 4 (2000): 1149–87; Jeffrey Liebman and Richard Zeckhauser, *Simple Humans, Complex Insurance, Subtle Subsidies*, NBER Working Paper 14330 (Cambridge, MA: National Bureau of Economic Research, 2008); Esther Duflo, Michael Kremer, and Jonathan Robinson, *Nudging Farmers to Use Fertilizer: Theory and Experimental Evidence from Kenya*, NBER Working Paper 15131 (Cambridge, MA: National Bureau of Economic Research, 2009).

15 例えば以下参照。Angus Deaton, "Instruments of Development: Randomization in the Tropics, and the Search for the Elusive Keys to Economic Development" (Research Program in Development Studies, Center for Health and Wellbeing, Princeton University, January 2009).

16 Daron Acemoglu, Simon Johnson, and James A. Robinson, "The Colonial Origins of Comparative Development: An Empirical Investigation," *American Economic Review* 91, no. 5 (December 2001): 1369–1401.

17 この仕事は以下にすぐれた仕事としてまとめられている。Daron Acemoglu and James Robinson, *Why Nations Fail: The Origins of Power, Prosperity, and Poverty* (New York: Crown, 2012).

18 Binyamin Appelbaum, "Q. and A. with Jean Tirole, Economics Nobel Winner," *New York Times*, October 14, 2014 (http://www.nytimes.com/2014/10/15/upshot/q-and-a-with-jean-tirole-nobel-prize-win- ner.html?_r=0&abt=0002&abg=0).

19 Paul Rabinow and William M. Sullivan, eds., *Interpretive Social Science: A Second Look* (Berkeley: University of California Press, 1987).